發掘古人小心機，史記囧事揭密

龔學剛 著

光怪陸離的驚悚戲碼，
每一天都在血淋淋上演！

為自
出
卻餓死、
親兒子放逐……

漢著名酷吏張湯 | 愛馬慘遭野人分食 | 陳平躲避項羽追殺

然審問過鼠輩自證清白？ | 秦穆公不計較還相贈美酒？ | 船艙上演脫衣舞以保性命？

只是冷冰冰的史書，從內在修養到外在行動，讓我們打開《史記》，一起洞察當中的人生智慧！

目錄

目錄

前言

　　《史記》是西漢歷史學家史馬遷撰寫的一部規模宏大、內容廣博的紀傳體通史，被列為「二十四史」之首。它從上古傳說中的黃帝開始，止於漢武帝太史元年（西元前一二二年），記述了中國長達三千多年的歷史，被魯迅先生譽為「史家之絕唱，無韻之離騷」。

　　作為「究天人之際，通古今之變，成一家之言」的千古絕作，《史記》在中國歷史史上和文學史上都占有不可替代的地位。司馬遷以其獨特的視角，和具有詩的意蘊和魅力的語言，記載了一件件紛繁複雜、影響深遠的歷史事件，塑造了一個個形象生動、栩栩如生的歷史人物，像一幅徐徐展開的畫軸，再現了早已逝去的氣吞山河的戰爭場面，以及歌舞昇平的盛世之景。這一幅幅波瀾壯闊的畫卷，著實讓人為之興奮和嘆息，同時也讓人沉思。讀中國歷史，不能不讀《史記》。讀史不僅可以使人明智，增加歷史知識，更主要的是可以以史為鏡，反省自己，總結得失，吸取經驗和教訓，探究未來人生之路的走向。

　　《史記》全書分為十二本紀、十表、八書、三十世家、七十列傳，共一百三十篇，五十二萬餘字。「本紀」是全書提綱，以編年為體，記載了歷代帝王的興衰成敗；「表」是

前言

各個歷史時期的簡單大事記，是全書敘事的聯絡線和補充；「書」則記述了制度發展，涉及到政治、經濟、天文、曆法、水利、文化、藝術等方面的內容；「世家」記述了歷朝各代諸侯貴族的活動和事蹟；「列傳」是帝王諸侯外其他各方面代表人物的生平事蹟和少數民族的傳記。

《史記》成書年代久遠，距今已有幾千年的歷史，語言文字相對艱澀難懂，而且有很多的生僻字，對於現代人來說，想要讀懂這樣一部鴻篇巨制，理解其內涵，領略其風韻，確實存在一定的困難。基於此，編者打破了《史記》原來的紀傳體形式，重新進行了結構編排，以《史記》的思想為核心，精選了大量精彩的歷史故事，在基於原文的基礎上，適當剪裁，用生動、簡潔的白話文敘述，力求詳略得當。本書分為七大章節，具體架構為品格修養篇、積極行動篇、能言善辯篇、人情倫理篇、奇謀異略篇、緊急應變篇、落寞際遇篇。本書在每一篇文章的「智慧悟語」的部分，以不同的角度，對各個歷史事件進行了客觀的評價，希望能引起讀者思考歷史、感悟歷史。除此之外，編者對部分不常見的字詞以及古代地名，做了簡單的注釋和注音，使讀者閱讀起來更加順暢。

中國傳統文史名著流傳至今，經歷了歲月的滄桑與淘洗，仍能經久不衰，歷久彌新。可見國學智慧對後世的影響

之大。希望本書在讓讀者了解更多真實歷史的同時，也能啟發讀者以史為鏡，從中不斷汲取營養和智慧，開創出屬於一番自己的天地。

前言　————————————

第一章　品格修養篇

第一章　品格修養篇

═ 盡孝心舜以德報怨 ═

虞舜，名叫重華。相傳，他是五帝[001]之一顓頊的後裔，但從顓頊的兒子一直到舜的父親，幾代人都是庶人，沒有人做過官，處於社會底層，身分卑微，生活窘迫。

舜的母親在他很小的時侯就去世了，父親瞽（ㄍㄨˇ）叟是個盲人，而且品行不端。舜的母親剛去世不久，瞽叟很快就續娶了後妻。後來，繼母生了一個兒子，取名象。象從此成為父母的心頭肉，備受寵愛，而舜則顯得十分多餘。

象漸長之後，在父母的嬌寵下，脾氣古怪，盛氣凌人，總是想方設法欺辱、捉弄舜。但是舜卻一點不生氣，反而更加愛護弟弟。瞽叟對後妻言聽計從，常常因為舜犯了一點錯，就大打出手。心腸狠毒的繼母，視舜為眼中釘，肉中刺，欲置舜於死地而後快。即便如此，得不到一點家庭溫暖的舜，卻始終恪守孝順之道，盡心侍奉父母、照顧弟弟。

舜的善良和孝行始終沒能打動父母的心，反而有幾次差點死在繼母的手下。舜有些心灰意冷，趁著一個夜晚，簡單地收拾了行李，獨自來到歷山[002]腳下，用茅草搭建了一間屋子，開墾了很大一塊荒地，種植了各種農作物。因為他勤勞努力，每年都有很多吃不完的餘糧。於是，他就用這些糧食

001　五帝：指的是黃帝、顓頊（ㄓㄨㄢ ㄒㄩˋ）、帝嚳（ㄎㄨˋ）、堯、舜。
002　歷山：今位於山西晉城沁水縣城西南部五十六公里處。

救濟那些沒有飯吃的窮苦人，人們都十分感激他。

有一年，趕上荒年，有人告訴舜說，他家裡因為沒人工作，快要斷炊了。舜馬上連夜趕回家，把一袋糧食放到了家門口，自己躲在隱蔽處。看著家人把糧食拿進家裡後，他才滿意地笑了笑，又連夜返回了茅草屋。

時間一長，人們發現了舜的種種善行，並四處傳頌，人們被他的孝心深深地打動了。在他的影響下，那些曾為了地界爭吵不休的人們，都握手言和，和平共處。後來，舜又去了富饒的雷池 003 撒網捕魚，漁場的漁民因為他的到來，都變得謙和有禮，互相幫助。不論舜走到哪裡，都十分受人們的歡迎，他所居住過的地方，不出一年，就會發展成一個富足的村落。在舜二十歲的時候，他孝順賢德的美名人盡皆知。

在他三十歲的時候，堯帝尋訪天下，想找一位賢德之士做自己的接班人，四方諸侯都極力推薦舜。堯帝透過一番考察，覺得舜品行俱佳，是個難得的人才，於是便將兩個女兒嫁給了他，又賞賜了他大量的糧食、布帛以及牛羊。父親瞽叟聽說這件事情後，心起歹意，想將舜的財產據為己有。他藉口家中的糧倉破損，要舜修補，就在他爬上糧倉屋頂的時候，瞽叟便點燃了下邊的乾草，大火將糧倉燒成了灰燼。機智的舜臨危不亂，雙手持斗笠，靠著空氣的浮力，從糧倉頂

003　雷池：地名。在安徽省望江縣城東南十公里處，緊靠長江北岸，面積一百平方公里，入江處為雷港。

第一章　品格修養篇

上跳下來，逃離了火海。瞽叟的陰謀沒能得逞，心有不甘，又要舜挖井，待井挖深了以後，瞽叟和象便開始往井裡填土，企圖活埋舜。沒想到，聰明的舜在挖井的時候，聰明機警，在井底斜著挖了一條通道，才得以逃生。

後來，孝順且富有才幹的舜被大家推舉為首領。他當政期間，體恤百姓，常常和他們一起工作，深得百姓們的尊敬和愛戴。除此之外，他能任用賢才，拒絕一些沒有道德的小人。在他精心的治理下，再也沒有人敢做禍害百姓的事。堯帝對舜的種種德行十分滿意，在他生病彌留之際，便將天子之位傳給了舜。堯帝去世後，舜為他守孝三年，等他真正登上王位的時候，已經六十一歲了。在執政期間，舜不僅把堯的事業發揚光大，而且決定將君主之位傳給在諸侯中有很高威信的禹。

當時，禹為了治理水患，十三年過家門而不入。他開鑿了九座大山，修通了平坦的道路，疏通了九處湖泊，修築堤壩，使之流入海中，天下百姓因而能安居樂業。

禹在位三十九年無疾而終。享年百歲。

【智慧悟語】

舜是中國遠古時期的一位賢明君王。他除了賢明以外，還是一位大愛無疆、以德報怨的大孝子，並為千古

傳誦。他出生於一個底層社會的貧困家庭，從小受盡了
無數苦難，但最後一步步登上了萬人之尊的帝位，成為
古代二十四孝中的第一大孝子。毫無疑問，他的成功正
是源於他能以德報怨，孝敬父母。

= 網開一面湯得人心 =

　　古時候，帝嚳娶了一個娀（ㄙㄨㄥ）氏部落的女子為次
妃，名叫簡狄。一天天氣很熱，簡狄便與幾個相好的姐妹，
一起去河中游泳。嬉鬧間，簡狄看到一隻燕子掉下來一顆
蛋，心生好奇，俯身撿起來一看，只見那顆蛋晶瑩剔透，秀
色可餐，便吞食了，結果就懷有了身孕，不久產下一子，取
名叫契（ㄒㄧㄝˋ）。

　　契長大後，容貌偉岸，不同於常人，跟著禹治理洪水，
立下不少功勞，舜帝便將一個叫商的地方封給了他，賜姓為
子。在堯、虞、禹執政時期內，契的家族得到了迅速發展，
十分興盛。契在為官期間，為百姓做了不少好事，人們能互
相信仁，社會變得安定和諧。

　　契去世後，由他的兒子昭明繼位，就這樣，代代相傳，
一直傳到十四代，成湯繼位。成湯姓子，名履，他繼位後，
定居南亳[004]。

004　南亳：今河南商丘市。

第一章　品格修養篇

　　湯是一個非常善良仁慈的人。一次，他外出遊玩，在一片茂密的樹林中，看到一位捕鳥人在地上張開四面大網，然後跪在地上喃喃祈禱說：「求上天保佑，不論是天上飛的，還是地上跑的，凡是從四面八方來的鳥獸們，快快跑到我的網中吧！」湯感到十分生氣，一邊命侍衛撤掉三面網，只留下一面，一邊對捕鳥人說：「你這麼做真是太過分了，你難道非要把鳥獸趕盡殺絕才肯甘休嗎？」說著，又讓捕鳥人祈禱說：「你們願意往左飛就往左飛，願意往右飛就往右飛，想飛到哪裡都可以，只有不聽我話的鳥兒，就飛進我的網中！」看著捕鳥人祈禱完畢，湯滿意地點了點頭，說道：「鳥獸也是有生命的，我們一定要用仁愛之心去對待牠們，只去捕獲那些不聽天命的，萬萬不能將牠們全部殺死呀！」侍衛和捕鳥人點頭稱是。商湯「網開三面」的事很快就傳開了，諸侯和百姓紛紛讚嘆道：「湯對鳥獸都這樣仁慈，他的善良真令人敬佩！」

　　那個時候，夏朝君王桀荒淫無道，殘害忠良，百姓們怨聲載道。桀還自比為太陽，所以百姓們用民謠唱道：「這個太陽什麼時候滅亡，我們寧願與你同歸於盡！」各路諸侯看到夏朝民心已失，氣數已盡，紛紛起兵作亂，一時間，狼煙四起，諸侯之間互相攻打，生靈塗炭，百姓的生活更加苦不堪言。在諸多諸侯中，要數昆吾氏的勢力最為強大。湯率領大軍，先去討伐昆吾，隨後又去攻打夏桀。在大軍出發前，湯

舉行了誓師大會，他手持大斧，激勵將士，鼓舞士氣，並許諾滅掉夏朝後，一定論功行賞。

長年受夏朝壓迫的各地百姓，紛紛響應湯，並各自帶了武器前來加入湯的軍隊。湯率領軍隊一路勢如破竹，所向披靡，把夏桀的軍隊打得節節敗退，並在鳴條[005]取得了決定性的勝利，夏桀嚇得倉皇逃走，最終死在南巢[006]，各路諸侯紛紛前來歸附湯。於是，湯登上了天子之位，建都南亳，定國號為「商」。後來湯的後裔盤庚又把都城遷到了「殷」這個地方，所以後人又把這個朝代叫做「殷商」。

湯在位期間，政治清明，律法公正嚴明，經濟和文化都有了一定的發展，百姓安居樂業，社會穩定。

【智慧悟語】

古語云：「失民心者失天下，得民心者得天下。」這是人世間永恆不變的真理！夏桀殘暴無道，喪失民心，注定是要滅亡的。而商湯「網開三面」的故事，則是仁義的展現。也正是如此，湯才能贏得百姓的信任與支持，才有機會推翻殘暴不仁的夏朝。反之，則會成為無源之水，不僅不能做出一番事業，恐怕會成為第二個夏桀。

005 鳴條：今山西運城安邑（一ˋ）鎮。
006 南巢：今安徽巢湖市。

═ 伯夷叔齊不食周粟 ═══════════

商朝時，有個叫孤竹國[007]的小國。孤竹君賢明有德，勤於政事，孤竹國逐漸變得繁榮富強，文化發達。孤竹君為了使國家永遠強盛下去，便想找一位德才兼備的人，由他繼承君位，為百姓謀福。經過再三觀察和考慮，孤竹君決定將君位傳給三子叔齊。

後來，孤竹君去世，叔齊繼承君位。叔齊是個仁義之人，他知道自古以來，不論哪個國家的君位，都首傳長子。而他怎麼能因為父親的偏愛，做出這種違反道德的事呢？所以叔齊剛繼位後，就要把君位讓給大哥伯夷。伯夷也是一位有德行的君子，他見弟弟如此舉動，堅決推辭，他說：「這是父親的遺命，不能隨便更改。你現在要做的是秉承父志，治理好國家。」但叔齊卻不肯答應，堅持讓他繼位，伯夷無奈之下，只好離開了孤竹國。

次日，叔齊得知伯夷離開了孤竹國，很傷心，知道大哥是為了能讓自己安心治國，才選擇離開。伯夷走後，叔齊說什麼也不願意當國君了，他想：「大哥身為長子，理應繼承君位，而我如果違背了規矩，豈不是會惹來天下人的嘲笑？」他決定出去尋找大哥，和他生活在一起，生死不離，便收拾好行裝，悄悄地走了。國不可一日無君，孤竹國的百姓和大

007　孤竹國：約在今天秦皇島北戴河一帶。

臣只好擁立孤竹君的二兒子為君王。

叔齊跋山涉水，歷經千辛萬苦，沿路打探，四處尋訪，終於找到了伯夷。兄弟重逢，相擁而泣，唏噓不已，他們決定再也不回孤竹國，準備找一個安靜的地方，長期隱居。

當時，商朝的紂王窮奢極欲，殘暴無道，百姓生活在水深火熱之中。伯夷和叔齊聽說西伯侯姬昌賢明有德，義務贍養孤寡老人和孤兒，兩人經過一番商量，決定前去投奔姬昌。但是當他們到了西岐 008 的時候，姬昌卻去世了。他的兒子姬發繼承君位，即周武王。周武王追尊姬昌為周文王，起兵討伐商朝。

伯夷和叔齊勸阻周武王說：「商紂王朝雖然殘暴不仁，但周國作為它的附屬國，卻要以下犯上，以臣代君，這樣做是最大的不忠。況且，您的父親剛剛去世，還沒來得及好好安葬，您就要發動戰爭，身為兒子，這樣做是最大的不孝。您還是把軍隊撤回去吧！」周武王身邊的侍衛聽後十分憤怒，請求周武王殺了伯夷和叔齊。幸虧軍師姜子牙及時勸阻道：「伯夷和叔齊是有氣節之人，我們應該恭敬地對待他們，怎麼能殺了他們呢？還請大王收回成命。」周武王擺了擺手，命人將他們扶走了。

周武王滅掉商朝後，奪取了天下，建立了周朝。周武王

008　西岐：今陝西省岐山縣。

第一章　品格修養篇

為了治理好國家，請伯夷和叔齊出山輔佐他。但伯夷和叔齊卻認為，周武王奪取商家的天下是不義之舉，發誓一生都不吃周朝的糧食，更別說做周朝的官了。之後，伯夷和叔齊，隱居在首陽山 [009]，以薇菜充飢。

一天，伯夷和叔齊採摘薇菜。正當他們採摘高興的時候，一位老婦人嘲笑他們說：「我老婆子聽說你們是賢能之士，為了保全自己的大義，堅決不吃周朝一顆米。可是，周朝疆域遼闊，這座山上的薇菜也屬於周朝的，你們為何吃它？」對於這樣的冷嘲熱諷，伯夷和叔齊不但沒有感到生氣，反而覺得老婦人之言，句句在理，相約不再吃薇菜。

不久，伯夷和叔齊竟然活活餓死了。在奄奄一息時，他們共同唱了一首歌。歌詞的內容是：我們登上了西山，盡情採摘薇菜。殘暴的臣子卻替代了殘暴的君王，這麼做對不對啊？神農、夏禹那樣的和平盛世再也看不到了。如今，生命將要結束，何處才是我們真正的歸宿？

【智慧悟語】

伯夷和叔齊寧願餓死，也不願意吃周朝的糧食，最後絕食而亡。他們用生命告訴後人，他們這麼做並不是為了名留青史，他們只知道應該堅持做自己的事情，讓

009　首陽山：位於河北省遷安市南，現在叫嵐山。

自己有獨立的人格和想法。這種堅持需要極大的勇氣，這種堅持也是現代人所缺乏的。我們往往習慣了隨波逐流，人云亦云，因而迷失了自我，再也沒有自己的思想和主見。所以，我們應該向伯夷和叔齊學習，選擇一種適合自己的生活方式，唯有如此，才能有一片屬於自己的天空。

武王伐紂替天行道

商朝後期，紂王自從得到妲己後，沉溺於酒色，夜夜笙歌，寵信奸佞，日漸昏庸殘暴。後來，紂王在妲己的唆使下，殘害叔父比干，肆意誅殺朝中大臣，致使朝綱敗壞，法紀鬆弛，民不聊生。

西伯姬昌，也就是周文王，仁義有美德，禮賢下士，各路諸侯紛紛前來歸附。不料，姬昌也受到朝中小人的詆毀，紂王把他騙到商都，囚禁起來。後來，在部下的積極施救下，姬昌才被釋放，返回封地。從此，他變得更加謙和有禮，以仁治國，得到了百姓的愛戴和擁護。

周文王去世後，由他的第二個兒子姬發在豐京[010]繼位，即周武王。周武王任命姜尚為軍師，弟弟周公旦為相國，共

---

010 豐京：今陝西長安西南灃河以西。

第一章　品格修養篇

同輔佐他，效仿周文王治理國家。在周武王精心的治理下，國力日益強盛，厲兵秣馬，積蓄力量，準備討伐商朝。

武王九年，周武王祭祀周文王後，命人抬著周文王的牌位，東渡黃河，來到孟津[011]檢閱軍隊。他對外宣稱自己是周文王的兒子姬發，遵循父親的遺命，準備討伐昏庸的商王朝，並不是他自己獨斷專橫的行為。

各路諸侯聽說周武王抵達孟津後，主動趕來，表示支持周武王討伐商朝。但周武王卻認為現在討伐商朝，時機未到，因此不能過於莽撞。其實，周武王是想趁此機會，試探一下各路諸侯的態度，看他們是否有誠意與周國聯盟討伐商朝。所以，周武王只在孟津進行了一次軍事演習，便退去了軍隊。

起初，紂王聽說周武王引兵東渡黃河後，驚恐萬分，慌忙召集群臣商議應對之策。但後來，紂王又聽說周軍不戰而退，以為周武王害怕自己，不敢與他為敵，遂大放其心，繼續過他那種荒淫無道的生活。

兩年後，周武王見商朝中的賢臣不是被殺，就是歸降周國，知道紂王眾叛親離，朝中再無可用之人，商朝只剩下一個空殼子了。於是，周武王正式起兵討伐商朝。他將軍隊交給姜尚統帥，一路向東進發。

011　孟津：今河南孟津東北。

　　武王十一年十二月，天氣奇寒，周武王的軍隊抵達黃河邊時，黃河全面封凍，周武王大喜道：「真乃天助我也！」遂領軍踏冰渡河，順利抵達孟津。各路諸侯聞訊，紛紛率兵趕到孟津，與周軍會師。

　　武王十二年二月甲子日，周武王率領聯軍十七萬，抵達商都朝歌[012]郊外的牧野[013]。周武王命人立起討紂大旗，進行誓師。周武王左手持黃色大斧，右手高舉一面用牛尾鑲邊的白色旗幟，威風凜凜地站在戰車上，歷數紂王的暴行和罪狀，宣稱自己是遵循天命，討伐紂王。同時，周武王嚴明軍紀，不准搶掠百姓，不許殺害俘虜，作戰勇猛者給予獎勵，臨陣脫逃者一律處死。誓師完畢，隨著周武王一聲令下，周軍殺氣騰騰地準備進攻朝歌。此時，紂王再也無心吃喝玩樂了，慌忙下令召集軍隊抵抗。但朝歌的主力軍隊正在東南地區鎮壓少數民族，一時半刻也趕不回來。紂王無奈，只好下令赦免城中所有的奴隸和俘虜，編入守城的軍隊中，足足湊了七十萬人，向牧野出發，擺開陣勢，與周軍對陣。

　　兩軍雖然在數量上有很大懸殊，但周軍將士個個勇猛非凡，奮勇向前衝。等兩軍正式交鋒後，商軍前排的士兵突然調轉矛頭，返身朝後排的士兵殺去。原來，紂王的軍隊數量雖然龐大，但軍隊中的奴隸和俘虜受盡了紂王的欺壓，恨透

012　朝歌：今河南省北部鶴壁的淇縣。
013　牧野：今河南汲縣。

第一章 品格修養篇

了這個暴君，正盼望周軍快點打進來，殺了紂王。周武王趁
著商軍大亂，命令軍隊發動猛攻，一陣猛烈的衝殺後，商軍
大敗，士兵們丟盔棄甲，四處逃命。

紂王在親兵的死戰突圍下，才得以逃回朝歌。他自知末
日已到，便命人將皇宮中珍寶全部都搬到鹿臺上，自己穿上
綾羅綢緞，自焚而死。

商朝滅亡後，周武王正式宣布自己為天子，定都鎬
京 [014]，史稱西周。

【智慧悟語】

在殷商六百多年的統治期間，幾經興衰，有賢明之
君，也有荒淫無道的暴君，如成湯、盤庚等賢君，他們
禮賢下士，遵循天道，廣施仁政，真正做到了為民謀
福，因此，得到百姓的擁護和讚揚，也是理所應當的；
而殷紂等暴君，濫用民力，聽信讒言，枉殺忠臣，殘害
百姓，民心已失，亡國只是早晚的事。所以，大到治國
安邦，小到為人處世，都應該恪守仁義美德，如此，才
能贏得人心，才能做出一番事業。

---

014 鎬京：今陝西西安西。

═ 屈原投江以身殉國 ═

楚懷王死後，太子頃襄王繼位。頃襄王任用其弟子蘭為令尹[015]。當初，楚懷王在子蘭的鼓動下，前去秦國，與秦昭王會面，結果被扣留，最後客死異國。因此，楚國百姓都十分痛恨子蘭。

屈原因屢次進言彈劾子蘭，惹怒了頃襄王，頃襄王罷免了屈原的官職，將他流放。儘管如此，屈原依然一心眷戀著楚國，懷念楚王，從未放棄重返朝廷為楚王效力的希望。他也時時刻刻期盼著頃襄王能突然覺悟過來，改正以前的錯誤，近賢遠佞，發憤圖強，以洗懷王之恥。他還想著怎麼做才能使楚國強大起來。在屈原的作品裡，他多次表達了此種心情。一個國君，不論他是愚笨還是聰明、賢明還是昏庸，都希望有忠臣來輔佐自己治理國家。但縱觀歷史，卻總是發生國破家亡的事，幾代也見不到一個雄才大略的明君，這是因為國君所說的忠臣其實並不忠心，他們所說的賢才也沒有什麼才能。楚懷王在宮中被寵姬鄭袖迷惑，在朝中又被秦相張儀所欺騙，一意孤行，疏遠了屈原，反而信任靳尚、子蘭，最後落了個兵敗割地、客死異鄉的下場，成為天下的笑柄。這就是不了解人所帶來的禍害。《易經》上說：「井裡的

---

015 令尹：為楚國在春秋戰國時代的最高官銜，是掌握政治事務，發號施令的最高官，其執掌一國之國柄，身處上位，以率下民，對內主持國事，對外主持戰爭，總攬軍政大權於一身。

第一章　品格修養篇

水已經掏乾淨了，卻沒有人來喝，這讓我感到無比的難過，因為井水本來就是給人飲用的。國君若是賢明，天下的百姓都可以得到幸福。」而楚懷王如此不明事理，又如何能得到幸福呢？

子蘭聽說流放在外的屈原對他心生怨恨，勃然大怒，指使靳尚在頃襄王面前詆毀屈原。頃襄王對屈原的印象一直不好，現在聽靳尚這麼一說，又把屈原流放到了更遠的地方。

報國無門的屈原，悲憤異常，行吟於澤畔。江邊有一個在悠閒釣魚的老翁。他見一個披頭散髮、形容枯槁的人遠遠地走了過來，覺得他很像三閭大夫[016]屈原，等他走近了，老翁就問他說：「您不是三閭大夫嗎？您為什麼不在都城，而來到這個地方呢？」屈原說：「這個世上都是渾濁不堪的，唯有我一個人是清白的。其他人都大醉不醒，唯我是清醒的，所以我才遭到放逐。」

老翁說：「我聽說，大凡聖賢之人，都不會受到外界的影響，而且能順應時勢的變化不斷調整自我。現在既然世上都汙濁不堪，那您為何不隨波逐流？既然其他人都醉了，您為什麼不喝他們剩下的酒呢？而您卻依然固執地保持美玉一樣的節操，自取被逐？」屈原說：「我聽說，剛洗過頭的人，一定會拂去冠上的灰塵，剛洗完澡的人，一定會抖掉衣服上的

016　三閭大夫：是戰國時楚國特設的官職，是主持宗廟祭祀，兼管王族屈、景、昭三大姓子弟教育的閒差事。

塵土。又有誰願意讓自己的清白之身,受到外界事物的玷汙呢?我寧願投入江河,葬身魚腹,也不願讓我崇高的品德,蒙受世俗的玷汙!」

悲憤和失望充斥於胸,屈原無處發洩,只好將所有的情緒都寄託在文字之中,於是便有了流傳千古的〈懷沙〉。此文裡面寫道:

初夏的天氣盛陽,草木都已經長得茂盛。我懷著內心的深沉的悲哀,匆匆踏上這南國的土地。眼前一片蒼茫,聽不出絲毫聲響。我九曲的迴腸纏著悒鬱的愁緒,我遭到患難啊,是這樣地窮愁困厄。撫念我的情感,反省我的初志,又只好把難言的冤屈壓抑在心底。方正的被刻削得圓滑了,正常的法度卻沒有變易。如果轉化初衷,改道而行,那是正直的君子所鄙棄的。守繩墨而不變易,照舊地按著規矩。內心充實而端正,自有那偉大的人物稱善讚美。巧匠倕還沒有揮動斧頭,誰能看得出曲直和規矩?黑色的花紋放在幽暗的地方,盲人說它沒有紋章。離婁微閉著眼睛,盲者說他的目盲。白的要說成黑,把上面的倒置下方。鳳凰關進籠中,雞鴨卻舞蹈翱翔。玉與石混淆在一起,有人拿來一斗而量。那些黨人就是這般地鄙陋愚固啊,他們又怎能理解我心之所善。

責任大,擔子重,卻陷於沉滯,不被重用。賢能的人雖

第一章　品格修養篇

然懷瑾握瑜，被逐困窮又怎能獻示於人。村里的狗群起而狂吠，只因為牠們少見多怪。小人們非難和疑忌俊傑，是他們庸夫俗子的本性。我舉止清疏而內質樸實，他們當然不懂得我的異彩。有用的材料被丟積在一邊，人的才華就是這樣被掩埋。我仁之又仁義之又義，忠誠老實以充實自己。舜帝已死不可再生，有誰來賞識我這樣的氣宇。

　　自古來，賢聖不必同時，這到底是什麼緣分？夏禹和商湯已經遠隔，就追慕也不能再世。抑制著心中的憤恨，須求得自己的堅強。身遭不幸，只要我不變節，就會找到我所嚮往的聖人。迴路北上去尋找歸宿，日已昏昏，天色將暮。姑且吐出我的悲哀，生命已經到了盡頭。

　　尾聲：浩蕩的沅水湘水啊，每天每日地奔流不息。長遠的路程陰晦幽蔽，是遙遠而蠻荒的旅程。不斷地嘔吟悲傷，永遠地嘆息凄涼。世間上既沒有知己，有何人可以商量。我為人誠心誠意，但有誰為我佐證。伯樂啊已經死了，千里馬有誰品評？各人的稟賦有一定，各人的生命有所憑。我要堅定我的志趣，絕不會怕死貪生。無休無止的悲哀，令人深長嘆息。世間混濁無人了解我，人心難測，沒有人可以聽我表敘。人生一死不可迴避，但願世上沒有什麼使我矜惜。請記下這件事吧，後進諸君，我將永遠以先賢為榜樣而前行！

　　完成〈懷沙〉之後，屈原懷抱石頭，投入汨羅江[017]而死，希望透過自己一死，能喚醒楚王和楚國的百姓。屈原死後，楚國湧現出大批擅辭賦者，以宋玉、唐勒、景差為代表。他們作賦的風格和屈原一樣婉轉含蓄，但可惜的是，他們卻沒有屈原的錚錚鐵骨，不敢直言規勸楚王。從此，楚國國勢漸衰，僅僅過了幾十年，就被秦國滅亡。

　　屈原投江一百多年後，西漢文學家賈誼，被任命為長沙王[018]太傅[019]，上任途中經過湘水，寫了一篇文章投入江中，憑弔屈原。

【智慧悟語】

　　郭沫若說：「屈原的死是為民殉國難，是一種為國捐軀精神的再現，他是為正義而死，為真理而死，死得其所。」屈原之死，表現出他高尚的政治情操，對國家的赤膽忠心，不容玷辱的氣節和風骨，這些珍貴的財富融注了悠久而偉大的歷史精神，顯示了民族的無窮力量，屈原的愛國情懷激勵了一代又一代的後人，值得永遠緬懷和學習。

017　汨（ㄇㄧˋ）羅江：發源於江西省修水縣黃龍山梨樹塅，經修水縣白石橋，於龍門流入湖南省平江縣境內，向西流經平江城區，自汨羅市轉向西北流至磊石鄉，於汨羅江口匯入洞庭湖。

018　長沙王：為中國歷代在長沙所分封的國王或者王爵。

019　太傅：中國古代職官。位列三公，正一品位，處於專制統治者的核心位置，直接參與軍國大事的擬定和決策，是皇帝統治四方的高階代言人。

第一章　品格修養篇

═ 獻地圖荊軻刺秦王 ═══════════

戰國時期，秦始皇野心勃勃，一心想要統一天下，不斷攻打其他國家。燕國被秦國攻取了數座城池。

當時，燕國太子丹正在秦國當人質，秦王很不尊重他。後來，太子丹見秦王攻占了燕國的土地，心裡恨透了他。在這樣的情況下，太子丹逃回了燕國，一心想著報復秦王。但是燕國勢力弱小，兵微將寡，如果派兵攻打秦國，不但打不贏，還會招致災禍，太子丹為此夜不能寐，食不知味。

後來，在別人的引薦下，太子丹結識了一個叫荊軻的壯士。太子丹拜荊軻為上卿，讓他住在上好的舍館，天天去看望他，還不時獻給他一些奇珍異寶、美女車馬。荊軻受太子丹的厚恩，心懷感激，發誓要報答太子丹。太子丹認為只要殺了秦王，便能阻止秦國的進攻，於是他便請荊軻幫忙，荊軻答應了。但很長時間過去了，卻遲遲不見荊軻行動，太子丹知道荊軻是個英雄，應該有他的計畫，不敢催促。這時，秦將王翦已經滅了趙國，又率兵殺到了燕國的南部邊界。太子丹聞訊大驚，急忙去見荊軻，對他說：「現在秦軍已經到了燕國的南部，馬上就會渡過易水[020] 了，燕國一旦不保，即便是我想長期禮遇您，又怎麼能做到呢？」

荊軻說：「太子您就是不說，我也打算行動了。但是此行

020　易水：河流名。在河北省西部。

如果沒有東西取信於秦王，我很難接近秦王。」太子丹忙問道：「您需要什麼東西，只要我有的，一定送過來給您。」

荊軻沉吟一番，說道：「秦國將軍樊於期曾得罪了秦王，現在流亡在燕國，秦王懸賞千金追捕他，而且，秦王覬覦督亢 [021] 之地已久，早就想得到燕國這塊肥沃的土地。如果我能得到樊於期將軍的首級，與督亢的地圖，前去進獻給秦王，秦王肯定會非常高興地接見我，這樣我就有機會刺殺他了。」太子丹一聽，搖頭說道：「樊將軍走投無路才來投奔我，這是對我的信任，我怎麼能忍心殺他呢？您若是只要督亢地圖，我這就命人取來給您。」

荊軻知道太子丹不忍心殺樊於期，便私下去見樊於期，對他說：「秦王為了發洩心頭之恨，誅滅將軍全家，現在又懸賞千金捉拿您，將軍將何以報仇雪恨呢？」

樊於期仰天長嘆，流淚說道：「每次想到這些，我總是痛入骨髓，真恨不得與嬴政同歸於盡！」荊軻說：「我現在有個辦法，既能解燕國之危，又能替將軍報仇，將軍想知道嗎？」樊於期激動得不能自已，忙問道：「你有何妙計？」荊軻說：「如果我能帶著將軍的首級去秦國，獻給秦王，秦王一定會高興地接見我，到時候，我左手抓住他的衣袖，右手用匕首刺入他的胸膛，這樣一來，不但為將軍報了仇，也能使

021　督亢：今河北涿縣一帶。

第一章　品格修養篇

燕國免於亡國，將軍以為如何？」

　　樊於期未等他說完，便脫掉衣服，露出一條臂膀，舉臂頓足高呼道：「先生，我的血海深仇就拜託給您了！」隨即拔劍自刎而死。太子丹聽說後，馬上駕車直奔樊於期家中，撲在樊於期的屍體上痛哭不已，非常悲傷，命人厚葬了樊於期，而後將他的首級割下，密封到盒子裡面。

　　太子丹事先為荊軻準備了一把匕首，染以劇毒，刺人見血立即斃命。太子丹把匕首捲在督亢地圖裡，交給荊軻，又派勇士秦舞陽做他的副手。

　　荊軻出發那天，太子丹及賓客都身穿白衣，頭戴素冠，一行人來到易水邊，為荊軻設宴送行。酒過數巡，荊軻的朋友高漸離擊築[022]，荊軻和著拍子唱道：「風蕭蕭兮易水寒，壯士一去兮不復還！」聲調悲壯激烈，在座之人，無不惻然淚流。唱罷，荊軻牽著秦舞陽手臂，一同登車，頭也沒回，便絕塵而去。

　　秦王聽說燕國派使者送來了督亢地圖和樊於期的首級，大喜過望，馬上安排儀式，在咸陽宮召見燕國使者。荊軻捧著樊於期的首級，秦舞陽捧著督亢地圖，相隨入殿。當兩人走到殿前的臺階下時，秦舞陽臉色突變，顯得驚恐不安，左右侍臣喝道：「使者臉色怎麼變了？」荊軻回首朝秦舞陽微微

022　築：是中國古代的一種擊絃樂器，形似箏，有十三條弦，弦下邊有柱。

獻地圖荊軻刺秦王

一笑，上前跪地謝罪道：「他生於蠻夷之地，粗魯無禮，生平沒見過天子，所以不由得害怕。」確認是樊於期的首級後，秦王又讓荊軻獻上地圖。荊軻從秦舞陽手中接過地圖，親自呈上。秦王展開地圖，正要觀看時，突然露出一把匕首。秦王大驚，趁著他愣神之際，荊軻左手抓著秦王的衣袖，右手拿著匕首直刺其胸。

正危之時，秦王奮力起身，掙斷了衣袖。秦王想拔出隨身佩戴的寶劍，但他的劍實在太長，無法撥出，只好越過旁邊的屏風，正欲往外逃，但荊軻緊追不捨，秦王無法脫身，只好繞柱而奔。荊軻追殺秦王的時候，大臣們嚇得六神無主，不知該怎麼辦。秦國法令規定：大臣上殿，不准攜帶任何武器；殿外的侍衛，沒有皇帝的命令，不得擅自入殿。倉促之間，醫官夏無且，取出藥囊，奮力砸向荊軻。左右侍從對秦王喊道：「大王，把劍推到背後！」經過提醒，秦王依言把劍推到背後，拔出了寶劍。有了寶劍，秦王膽子大了，迎上前去，砍殺荊軻，砍斷了他的左腿。

荊軻站立不住，撲倒在地，無法追殺秦王，遂用匕首，擲向秦王。秦王急忙躲閃，匕首從秦王的耳邊飛過，擊在銅柱上，火星四濺。秦王見荊軻的匕首已失，又上前刺了他幾劍。荊軻身負八處劍傷，自知道不能成功，遂倚柱大罵道：「我之所以不殺你，不過是想生擒你，逼你歸還侵占各國的

031

第一章　品格修養篇

土地，來報答太子丹。」話未說完，就被侍衛衝上來殺了。在殿下的秦舞陽，見荊軻動手，也要上前殺秦王，卻被侍衛攔下殺死。

　　秦王大怒，馬上命令王翦進攻燕國，不久便攻克了薊城[023]，燕王喜和太子丹率領軍隊退守遼東[024]。燕王喜在秦軍猛烈的攻勢下，不得不殺了太子丹，向秦王求和。秦王雖然暫時罷兵，但五年之後，秦王便命王翦之子王賁進攻遼東，滅了燕國，俘虜了燕王喜。

【智慧悟語】

　　自古忠義之士都會受到後人敬仰的。荊軻為了燕國，義無反顧前往秦國，獻地圖，刺秦王，最後壯烈而死。唐代大詩人李白對荊軻這種俠客之義推崇備至，甚至學劍也有了目的性，只為殺人；清代詩人龔自珍也憧憬俠客的生活，曾寫道：「一簫一劍平生意，負盡狂名十五年。」即便相隔的年代太過久遠，但殊途同歸，他們追求的都是一種俠義的精神境界。即使在今天和平的年月裡，義仍然是一種不可缺少的精神。一個人一旦具備這種忠肝義膽、不負所托、一言九鼎、義無反顧的精神，終會有所成就的。

023　薊（ㄐㄧˋ）城：今北京宣武門外一帶。
024　遼東：指遼河以東地區，今遼寧省的東部和南部及吉林省的東南部地區。

═ 掛帥印韓信報漂母 ═

　　韓信是漢高祖劉邦手下的大將，為劉邦立下了很多汗馬功勞，是西漢開國重臣之一，與張良、蕭何並稱為「漢初三傑」。

　　韓信是淮陰[025]人，自幼喪父，家境貧寒，沒有固定的職業，因此只能在淮陰縣裡四處遊蕩度日，常常跟著別人吃白食。韓信家雖有老母，但他無力贍養，母親在愁病交加下，不久便去世了。韓信與一個亭長[026]交往密切，經常去亭長家中求食。時間一長，亭長的妻子不願意了，她非常討厭韓信吃白食，一次，故意提前做飯吃。待韓信去了，等了好久也不見亭長家吃飯，他當下就明白遭人厭嫌，掉頭而走，從此再也沒來過。

　　為了維持生計，韓信經常到淮陰城外的一條小河邊釣魚。雖然偶爾能釣到幾條魚，賣錢過活，但有時卻連一條魚也釣不上，只能餓著肚子。當時，有很多老婆婆在河邊漂布，經常與韓信相遇，大家見他衣著寒酸，落魄不堪，自然不會搭理他。唯獨有一個漂母，心地善良，看著韓信可憐，每當中午家人送飯來時，便分給韓信一半飯吃。韓信飢不擇食，狼吞虎嚥，總算飽餐了一頓。那位漂母也十分大方，一

025　淮陰：今江蘇省淮安市。
026　亭長：鄉官名。戰國時始在鄰接他國處設亭，置亭長，任防禦之責。秦、漢時在鄉村每十里設一亭。

連數日，天天多帶一份飯給韓信吃。

韓信為此十分感激，對天起誓道：「他日我韓信若能得志，必以千金報答您的一飯之恩！」話猶未了，漂母竟然怒斥道：「我看你相貌堂堂，絕非常人，不忍心看你忍飢挨餓，才給你飯吃，我哪裡是希望你報答我！」說罷，徑直而去。

不久，秦朝滅亡，爆發了楚漢之爭，韓信在蕭何的舉薦下，投奔劉邦，掛印封侯。一次，韓信率軍出征，途經下邳[027]，想起昔日的諾言，專程去了淮陰縣，找到漂母的家，登門拜謝，並以千金相贈，報答她當年的一飯之恩。

【智慧悟語】

韓信知恩圖報的故事，流傳千古，至今不衰，深深地感動了後人。我們在受了別人的恩惠時，切莫忘記，即便恩惠再微不足道，但在困難之時，綿薄之力也可能改變一個人的命運。所以，等我們真正有能力的時候，應該重重報答那些曾經幫助過我們的人。

027　下邳（ㄆㄟˊ）：今江蘇省睢甯縣古邳鎮。

═ 張良進履喜得兵書 ═

張良，字子房，韓國人。他的祖父和父親都當過韓相，曾輔佐過五代君王。秦國滅韓國時，張良還是小孩，尚未出仕，家中卻有奴僕三百人，弟弟夭折後，他也沒有厚葬他，一心想著為韓國復仇，散盡家財，暗中募合勇士，欲刺殺秦始皇。

奈何秦國威名遠震，天下百姓莫不臣服，不敢隨意議論國事，哪裡還有人敢與張良合謀，同報國仇？張良蓄志多年，始終沒能找到一個能助自己完成心願的勇士。他想四海之大，何愁找到不人呢？不如壯遊四方，或許能遇到一個勇士，完成自己的心願。於是借遊學之名，前往淮陽[028]，見到了當地賢士倉海君。倉海君果然是個絕世豪傑，坦誠相見，設宴相待，慷慨陳詞，說到秦始皇殘暴無道，不禁拍案而起，恨不得逮住秦始皇，食其肉，飲其血。再加上張良的絕世口才，僅僅數語，便激起了倉海君的雄心，遂為張良舉薦了一位勇士，為他效勞。

張良見那位勇士長得虎背熊腰，面目魁梧，料想也不是尋常人物，格外看重，當成知己。張良還找了個機會，試探那位勇士的武藝，果然矯健絕倫，勇悍非凡。張良大喜，當下推心置腹將心中大事告訴了他，請求他的幫助。那位勇士

---

028 淮陽：今河南省淮陽縣。

第一章　品格修養篇

確實是個忠勇之人，還不待張良說完，便起身起誓，願為張良效犬馬之勞，生死不負。張良大喜，就祕密鑄了一個重達一百二十斤的大鐵鎚，交給勇士，伺機而動。

恰好秦始皇第二次出遊，張良得知後，忙和勇士在博浪沙[029]設伏。待秦始皇的車駕駛過，勇士一躍而起，將手中的大鐵鎚甩出，但因用力過猛，誤中副車。秦始皇的侍衛早就驚得手足無措，而勇士則如風馳電掣一般，飛奔而去。張良聽得響聲，知道勇士已經動手，只盼著他能得手，自己也開始逃跑。後來，張良聽說只砸中副車，不免嘆息。又過了數日，聽聞秦始皇遍搜全國數十日，沒能緝獲刺客，張良為勇士感到慶幸，自己也改名換姓，隱匿到下邳。

張良在下邳蟄居避禍期間，每有閒暇，便常到圯橋[030]遊玩，聊解憂思。一天，張良又來到圯橋上散步。忽然有一位皓首[031]老翁，緩步登橋，走到張良旁邊時，故意將右腳上的鞋子甩到橋下，看著張良說：「小子，你下去把鞋子撿上來給我！」張良聽著，不由怒從心起，覺得這個老頭十分無禮，欲伸出手來，給他一巴掌，但旋即一看，只見老翁身著灰布長袍，手持拐杖，差不多有七八十歲的年紀，便動了惻隱之心，下橋將老翁的鞋子撿了起來，再上橋遞給老翁。老翁已

029　博浪沙：古地名，歷史文化名地，位於河南省原陽縣城東郊，現名古博浪沙。
030　圯（一ˊ）橋：座落在有著近五千年歷史的文化名城下邳（今江蘇省徐州市睢寧縣古邳鎮境內）。
031　皓首：指老年，又稱「白首」。

在橋頭坐下，伸出一隻腳來，對張良說：「小子，把鞋給我穿上！」張良聽後，哭笑不得，暗想既然已經替他取了鞋子，乾脆幫他穿上吧。遂單腿跪地，為老翁穿上了鞋。老翁捋鬚而笑，起身整理衣冠，從容下橋離去。張良見老翁竟然不道謝，心中甚是奇怪，便也下了橋，遠遠地跟著老翁，想看看他住在何處，是做什麼的。大約走了一里多路，老翁似乎察覺到身後有人，便轉過身來，走到張良身邊說：「孺子可教也！五日之後，等天色剛亮的時候，你再來圯橋等我吧。」張良是個聰明絕頂之人，當下就猜出老翁必然不是尋常之人，便一口答應。老翁揚長而去，張良也不再跟隨，回客棧去了。

　　光陰易過，眨眼間已過五天，張良心中掛念與老翁之約，東方天空剛剛亮起時，張良便起床，草草盥洗，前往圯橋，去見老翁。偏偏老翁早已先到，他生氣地斥責張良道：「你與老人約會，應該先到，為何到現在才來？」張良無言以對。老翁便讓張良先回去，讓他五天之後再來這裡相會。張良不敢多言，只好先回去了。等五天之後，張良格外留心，和衣而臥，剛聽到雞鳴，便起身前往圯橋，那知老翁又比他先到，責備他遲到，又讓他五天後再來相會。再過五天，張良一夜沒睡，到了半夜，就披星戴月前往圯橋，卻不見老翁身影，不覺長長籲一口，便佇立一旁，等著老翁。不大一會

第一章　品格修養篇

兒，老翁也到了，他見張良已到，才高興地說：「你這樣做就
對了！」說著，從袖中取出一本書，交給張良，囑咐道：「只
要你用心研讀此書，將來可以成為帝王的老師。」張良聞言
大喜，不待他發問，老翁又囑咐道：「讀了此書，十年後你可
以掌控天下大勢；十三年後，你可以到濟北 032 找我，穀城山
下的黃石就是我。」說罷，便轉身離去。此時，夜幕沉沉，
空中雖有淡月，但還不能看清書上的字跡，張良便懷揣書返
回客棧。過了一會兒，天已大明，張良取書展閱，發現這本
書就是《太公兵法》，便發奮研讀，盡得其妙。

　　後來，張良投奔劉邦，全靠這太公兵法，為劉邦出謀劃
策，為漢朝的建立立下了大功。

【智慧悟語】

　　為了考察張良的品行，老人故意將鞋甩到橋下，要
求讓張良去撿，並幫他穿上；張良由怒而忍，主動拾鞋
進履，再由相約遲到準時赴約，在得到老人的讚許的同
時，也得到了兵書，最終成為棟梁之材。無疑，這個故
事具有很強的傳奇的色彩。但它告訴了我們，尊重老
人、誠信守時是一個人必須要具備的基本品德。

032　濟北：今山東省泰安市東南。

田橫五百士殉義節

田橫是戰國時齊國王室的後人。秦朝末年，秦二世荒淫無道，橫征暴斂，百姓困苦不堪，盜賊四起，天下大亂。陳勝揭竿而起，討伐暴秦，田橫見陳勝是個英雄，便與哥哥田榮投奔了陳勝。後來楚漢相爭時，田榮也頗有勢力，便自立為齊王。但後來田榮因不肯遵從項羽，兩人結下了仇隙，最後被項羽所殺。田橫率兵收復齊地，拒守城陽[033]，與項羽相持。項羽久攻不下，只能退走。田橫擁立田榮之子田廣為齊王，自任相國，朝中事無大小，田橫都要親自決斷。

田橫在齊地素有賢名，一些有志之士，慕名來投，願意為田橫效勞。劉邦欲聯合齊國對抗項羽，便派酈食其前去遊說田橫。酈食其伶牙俐齒，口若懸河，善於雄辯，是個天生的說客。他歷數項羽的罪狀，又痛斥他的為人，對田橫曉以利害，終於說服田橫親漢抗楚。不料，漢軍大將韓信貪功，不顧漢、齊二國定下的盟約，也不考慮酈食其的生死，下令進攻齊國。田橫大怒，以為中了劉邦的詭計，便令人將酈食其綁住，投入油鼎，煮死了酈食其。不久，韓信便攻破了齊國，田橫奮力殺出重圍，逃往梁地，投靠了梁王彭越。

劉邦滅了項羽，入關定鼎，建立西漢王朝。田橫深知劉邦生性多疑，為避免災禍，便帶了願意追隨自己的五百餘名

---

033 城陽：今山東省青島市城陽區。

第一章　品格修養篇

壯士，東渡入海，尋找了一個小島，作為棲身之處。

劉邦得知田橫的消息後，認為田橫喜歡廣交義士，仗義疏財，有很多賢才願意為其捨命。如果讓他們留居島上，於朝廷不利。於是，劉邦便派人手持詔書，前去島上招安。等漢使來島，田橫看完詔書後，對漢使說道：「我曾烹殺了酈食其，今承蒙皇上赦罪，讓我入都為官，但我聽說酈食其的弟弟酈食商在朝中做將軍，英勇無比，難道他不會為其兄復仇嗎？所以請你回稟皇上，說我不敢奉詔入朝，希望能得到皇上的恩典，允許我在島上安度餘生。」漢使聽後，當即告辭返都，如言稟告劉邦。劉邦笑道：「田橫顧慮太多了。」隨即召入酈食商，叮囑道：「田橫將要入都，與你同朝為官，你不能為了報仇，私下加害田橫。如果你敢違抗我的命令，我就誅滅你的全族。」酈食商敢怒不敢言，諾諾答應，小心告退。

劉邦再次派使者去見田橫，叫他不必擔憂，又說：「皇上說若你肯奉詔入朝，大可封王，小可封侯。倘若再不奉詔，將出兵征討！」田橫聽了這一番話，知道再也無法推辭，便準備動身，追隨他的五百餘人，紛紛請求一同入都。田橫對他們說：「不是我田某人不願與諸位同行，只是此行凶險，如果去的人多了，反招猜忌，你們不如暫且留居此地，等我的消息。此去我若受封，一定會與你們相見的。」隨後，田橫帶了兩個門客，隨同使者前往洛陽。

行至離洛陽還有三十里的時候，田橫停下來，對漢使說道：「我入都朝見天子，應該沐浴淨身，以表示我的誠意。此處恰好有一家驛館，我可以入館洗浴嗎？」漢使料想他也不會逃跑，便同意了，遂入館休息，讓田橫洗浴。

田橫刻意避開使者，召入兩位門客，對他們說：「當年我和劉邦一起南面稱王，如今劉邦已經當了皇帝，我卻成為亡國的俘虜，要北上朝謁劉邦，這是一種奇恥大辱。再說我曾殺了酈食商的哥哥，如今卻要與他臣事一主，即便他畏懼天顏，不敢殺我，難道我心中就沒有愧疚了嗎？劉邦此次召我入都，無非是想見我一面。此地離洛陽三十里，你們可斬我首級，快馬送給劉邦，形貌尚能辨認，還不會腐壞，同樣可以一看。我已國破家亡，死了也沒什麼可留戀的了！」兩位門客大驚，慌忙搶步上前阻止，只可惜慢了一步，田橫早已拔劍在手，自刎而死。

漢使正在外屋喝茶小憩，聽到兩位門客的哭聲後，慌忙推門而入，卻見兩位門客抱著田橫的屍體，放聲大哭。漢使問明事情的原委後，也沒有更好的辦法，只好將田橫首級割下，盛放盒中，由兩位門客捧著，同入京都，報知劉邦。劉邦馬上宣進兩位門客，劉邦見了田橫的首級，面目栩栩如生，好似睡著一般，英氣尚存，不由唏噓嘆道：「田橫兄弟三人雖是布衣出生，但最後卻能稱王，手下賢才雲集，真是了

不起的賢士。如今田橫寧死也不願降我大漢，真是可惜！」
說罷，竟也惻然淚下。下令按照王侯的禮節安葬田橫，又封
兩位門客為都尉[034]。兩位門客雖然磕頭謝恩，但臉上並無欣
喜之色，怏怏告退。待田橫喪事已畢，兩位門客跪在田橫的
墓前，大哭一場，竟然雙雙自刎而死。

　　劉邦聽說兩位門客自刎，大吃一驚，旋即又擔心地說：
「田橫手下賢士眾多，都願意為田橫捨命，現在海島上還有
五百餘人，這豈不是留下禍患了嗎？」於是，又派遣使者
前去海島，哄騙那五百餘人說，田橫已受封，特來請他們入
都。那五百餘人深信不疑，同使共赴洛陽。等到了漢都，才
知道田橫和兩位門客已死，號啕大哭，又同去田橫墓前，一
邊祭拜一邊大哭，並同唱了一首薤露歌[035]。唱罷，五百餘人
竟一齊自殺。

【智慧悟語】

　　田橫為不肯屈節投漢，在驛館從容地洗浴一新，慷
慨就死。他的兩個門客和五百部下，得知田橫的死訊
後，悲慟萬分，最後以死相從，讀罷，讓人感慨萬千，
涕淚無言。司馬遷遭受宮刑後，曾反復思考生和死的價

034　都尉：官名。戰國始置。職位次於將軍的武官。
035　薤（ㄒㄧㄝˋ）露歌：薤：植物的一種，薤露指薤上的露水。中國古代著名
　　　挽歌辭。〈薤露〉為古代的挽歌。

值和意義。他最後飽含深情地感慨道：「田橫之高節，賓客慕義而從橫死，豈非至賢！餘因而列焉。不無善畫者，莫能圖，何哉！」田橫五百士的故事，足以傲視天地，彪炳千秋，永遠受到後人的尊敬。

緹縈女上書救父親

西漢年間，在臨淄[036]城裡，有個叫淳于意的人。他從小喜歡醫術，曾拜在一個叫陽慶的門下學醫。當時，陽慶已有七十多歲了，精通醫道，待淳于意如己出，將皇帝、扁鵲脈書及五色診病諸法，一一教授，不出三年，淳于意學成，回到故鄉，為人治病。由於他醫術高明，不論什麼疑難雜症，經他一治，立刻藥到病除。因此，慕名前來求醫者絡繹不絕。

淳于意當初學醫時，立志懸壺濟世，不因病者是達官貴人，還是普通百姓，他都一視同仁，絕不多收一分錢，有時遇到窮苦的病人，他則分文不取，免費治病，因此，生活過得十分清苦。

淳于意曾在太倉[037]擔任過縣令，但因生性淡泊，加之不諳為官之道，索性辭官隱退，依然過著樸實而平靜的生活。

---

036 臨淄：今山東臨淄市。
037 太倉：位於江蘇省東南部。

第一章　品格修養篇

淳于意落拓不羈，一直嚮往閒雲野鶴的日子，因此，他經常雲遊四方，遊歷名川大山。在此期間，有個病人不遠千里趕來尋求醫治，盤桓數日，竟沒等到淳于意，不免憤懣異常，結果導致病情加重，一命嗚呼了。雖說生死有命，不可強求，但病人家屬卻無事生非，硬說淳于意不肯醫治，耽誤病情，憑著家中的權勢，狀告到縣衙，說他「借醫欺人，輕視生命」。這個縣太爺也是個糊塗蟲，還沒弄清楚案情，就將他判為「肉刑」。

由於淳于意當過縣令，依法不能擅自加刑，縣太爺忙上奏朝廷，稟明皇帝，請求裁定。不久，便有漢文帝詔令傳來，將他押往長安 038 受刑。

淳于意沒有兒子，只有五個女兒，淳于意被押解長安離家的時候，看著哭成一團的女兒們，喟然長嘆道：「生女不生男，到了危急關頭，竟然無人能幫助我，真是可悲！」小女兒緹縈聽了，為父親蒙受不白之冤傷心的同時，也被父親的話激起了血性，遂草草收拾行裝，隨父同赴長安。

剛到長安，淳于意便被收捕入獄，緹縈欲哭無淚，情急之下，冒死來到帝闕，上書漢文帝。漢文帝聞聽侍衛來報，說有一位少女上書，頗感驚異，忙命人取來閱覽。只見上書用一筆工整的楷書寫成，娟秀有力，內容為：

038　長安：今陝西西安。

　　民女叫緹縈，是太倉縣令淳于意的小女兒。我父親在為官期間，廉潔公正，遵守禮法，愛民如子，百姓無不交口稱讚。如今，他犯了罪，被判處肉刑。我不但為父親難過，也為天下所有受過肉刑的人傷心。一個人被砍去雙足，便成了廢人；割掉鼻子，再也無法長出來，日後即便是想悔過自新，也沒有辦法了。民女願意到官府裡為奴為婢，以贖父罪，讓他改過自新。還望陛下成全。

　　漢文帝覽畢，深深地被緹縈的孝心所感動，下令赦免了淳于意，並召他入宮詢問醫道，然後賞賜給他不少財物，命他挈女歸鄉。

　　此事過去不久後，漢文帝下令廢除了殘酷的肉刑。

【智慧悟語】

　　緹縈一個小小的弱女子，在父親危難之時，能挺身而出，前往帝闕為父親陳白冤情，真乃巾幗不讓鬚眉的女中豪傑！也正是憑藉她的這份孝心，打動了漢文帝，因而廢除肉刑，使天下人都蒙受恩惠。由此可見，單單一個孝字，力量是無窮的，緹縈為我們做出了一個孝子的榜樣，值得我們學習。

═ 張湯審鼠自證清白 ═══════════════

　　張湯，西漢時期杜陵[039]人。張湯小的時侯貪玩好動，他的父親是長安縣丞[040]。一次，父親外出歸來，發現家中的肉被老鼠偷吃了，就怪張湯沒有看好家，用鞭子抽打他。張湯忍著疼痛，掘開老鼠洞，活捉偷吃的老鼠，還找到剩下的肉。他把老鼠當作犯人一樣，立案審訊，控告老鼠的罪狀，加以拷打審問，還仔細記錄審訊內容。之後，他將判決結果報告給父親，把老鼠和老鼠吃剩下的肉作為定案的證據，然後親自把老鼠處死。

　　父親看他煞有介事的樣子，十分滑稽可笑，便接過他的審訊紀錄。看過之後，父親大吃一驚，張湯所寫的內容不僅邏輯嚴謹，而且用詞恰當，極有說服力，簡直就像出自於一個老練的刀筆吏之手。父親大喜過望，便讓張湯學習刑獄文書，研讀律法條令。父親死後，張湯接替父位，擔任縣丞。

　　張湯的好友趙禹當時擔任少府[041]，為官清廉，但性格孤傲，每次有人去拜訪他，他從不回訪，甚至和最好的朋友都斷絕了來往，以拒絕賓客們託他辦事。他恪守職守，秉公處理公務，斷案也絕不會徇私枉法。而張湯卻是工於心計，貪

039　杜陵：今陝西西安東南。
040　縣丞：官名。始置於戰國，為縣令之佐官。掌管文書及倉獄。
041　少府：官名，始於戰國。秦漢相沿，為九卿之一。掌山海地澤收入和皇室手工業製造，為皇帝的私府。

婪成性，善於巴結討好別人，因此他升遷得很快，當上了九卿的大官。

張湯在朝為官期間，善於揣摩漢武帝的心理，刻意逢迎，每有疑難案件，他必先請漢武帝裁決。漢武帝認為對的，他便記錄下來，作為以後斷案的法規。如果上報的事情受到漢武帝的譴責，張湯便馬上入宮謝罪，就一定能摸準他的脈搏，順從他的意思，然後又列舉身邊的同僚說：「他們早就提過建議給我，就像皇上您說的一模一樣，但我這個人太愚笨，竟然沒採納。」既推卸了責任免於責罰，又恭維了皇上，可謂是一舉兩得。張湯善於籠絡人心，他經手辦的案子，凡是覺得漢武帝想治罪者，便交給執法嚴酷的官吏審辦；覺得漢武帝想從輕發落者，便交給執法輕且公正的官吏去審辦。所以，凡是張湯所辦過的案子，都很符合漢武帝的意思。

張湯機警善變，巧舌如簧，在考慮到自己的利益後，他一定會表現出一副鐵面無私的樣子。他審理淮南王、衡山王、江都王的謀反案件時，不容私情，死追到底，不會放過任何蛛絲馬跡。漢武帝本欲赦免嚴助和伍被，張湯卻義正詞嚴地說：「伍被是謀反的主要策劃者，而嚴助是您最寵信的護衛，他們膽子如此之大，竟敢與諸侯暗中策劃政變，不殺他們，終究是禍害！」漢武帝聽後，深以為然，便殺了兩人。

第一章　品格修養篇

因此，張湯更受漢武帝的寵信，被任命為御史大夫[042]，權傾朝野，威焰日熾。

　　當時，漢朝和匈奴連年征戰，將士疲憊，民怨沸騰。這一年，匈奴派使者來請求和親，漢武帝召集群臣商議此事。博士狄山認為和親有利。漢武帝便問他為什麼有利。狄山說：「兵器實際上是凶器，不可以屢次使用。當初高祖討伐匈奴，結果中計，被匈奴圍困在平城[043]，答應和親才得以脫身。到惠帝和呂后時期，沒有再討伐匈奴，因此天下太平。到了孝文帝的時候，又興兵攻打匈奴，北方邊境動盪不安，百姓又深受戰亂之苦。景帝時，七國犯上作亂，等鎮壓七國之亂後，景帝休兵養民，不言戰爭，百姓的生活又逐漸富裕起來了。如今，皇上要發兵攻打匈奴，必然會導致國庫空虛，邊境百姓再受征戰之苦。由此看來，不如與匈奴和親。」漢武帝點了點頭，又徵詢張湯的意見。張湯深知漢武帝不想講和，於是說道：「真是愚昧儒生無知的看法。」狄山當眾受到嘲諷，臉上有些掛不住了，當即反駁張湯道：「我確實是愚蠢，但我看你也是詐忠。當初，你審理淮南王等人的案子時，濫用私刑，詆毀諸侯，離間皇上與兄弟的骨肉之親，使諸侯的臣子們坐臥不安，這難道不是詐忠嗎？」

042　御史大夫：官名。秦代始置，負責監察百官，代表皇帝接受百官奏事，管理
　　　國家重要圖冊、典籍，代朝廷起草詔命文書等。
043　平城：今山西省大同市。

張湯審鼠自證清白

漢武帝本來就袒護張湯，此時見張湯被逼問得張口結舌，無力反駁，便怒聲問道：「狄山，我讓你駐守一個郡，你能抵擋住匈奴的進攻嗎？」狄山說：「不能。」漢武帝又問道：「那一個縣呢？」狄山仍然說不能。漢武帝又接著問道：「那一座關隘呢？」狄山心想：如果我再說不能，恐怕就要交給官吏治罪了，於是點頭說能。漢武帝便派他去駐守邊境的一處關隘。不久，匈奴便殺了狄山。群臣見狄山因為觸怒張湯，就白白搭上自己的性命，從此沒人再敢反駁張湯了。

古語云：「多行不義必自斃。」張湯擔任御史大夫期間，盡享榮華富貴，但七年之後，他開始失勢。河東[044] 人李文任御史中丞，掌管文書。他曾與張湯有衝突，十分痛恨他，因此經常檢舉張湯的一些不法之事，張湯恨透了李文，總想除掉他。張湯有個心腹叫魯謁居，為了討得張湯的歡心，便羅織罪名，向漢武帝告發李文。漢武帝自然不知其中奧妙，便交給張湯審理。張湯便殺了李文，以洩心頭之恨。

後來，漢武帝問張湯告發李文的人是誰，他卻故作驚訝地說：「或許是李文得罪了什麼人吧！」後來，魯謁居生病歸鄉療養，張湯前去探望，親自為魯謁居按摩雙腳。不料，此事被趙王心腹探知，馬上回稟趙王。趙王在朝中屢受張湯的排擠，心中很不痛快，又聯想到張湯親自登門探望下屬，還

---

044 河東：代指山西。因黃河流經山西省的西南境，則山西在黃河以東，故這塊地方古稱河東。

第一章　品格修養篇

為他揉腳，覺得事情蹊蹺，懷疑張湯指使魯謁居做了壞事，
於是馬上向漢武帝匯報。

　　漢武帝命廷尉[045]查辦此案。這時，魯謁居病死，把他的
弟弟也牽連進來了，被捕入獄。恰好，張湯在審問別的囚犯
時，見到了魯謁居的弟弟，怕別人抓住把柄，便裝作不認識
他，想暗中開脫他。魯謁居的弟弟不知內情，以為張湯見死
不救，盛怒之下，便上書漢武帝，告發張湯與魯謁居密謀害
死李文的事情。當時，宰相青翟和他手下的三個長史[046]，屢
受張湯的迫害，於是聯手收集張湯的罪證，向漢武帝告發。
漢武帝便命趙禹審問張湯。趙禹考慮到漢武帝不忍殺張湯，
便勸說張湯自盡謝罪。張湯自知求生希望渺茫，便伏劍自
殺了。

　　張湯死後，漢武帝命人抄家時發現，他家中的財產不足
五百金，而且全是平日的俸祿和賞賜。家人想厚葬張湯，張
湯的母親卻說：「張湯含冤而死，為何要厚葬？」於是，家人
便草草埋葬了張湯。漢武帝聽說後，感慨道：「沒有這樣有見
識的母親，哪來這樣的兒子呢？」於是，下令徹查此案，殺
了那三個長史，丞相青翟自殺。

045　廷尉：官名，秦置，為九卿之一。掌刑獄。
046　長史：古代官名。

【智慧悟語】

　　張湯雖然是一個清官，但同時也是歷史上有名的酷吏。漢武帝喜歡用嚴酷的法律約束百姓，懲治豪強，打擊權貴奸吏，加強中央集權，保持國家的統一。於是，像張湯一樣的酷吏便應用而生，開始幫助漢武帝執行嚴酷的律法。殊不知，在這些嚴刑峻法之下，任意株連，冤獄橫生，社會不寧，百姓怨聲載道，盜賊蜂起，正是適得其反。正如孔子所說：「用政治法令來引導百姓，用刑罰來約束百姓，百姓可以免於犯罪，但卻沒有羞恥之心。如果用道德來引導百姓，用禮儀來約束百姓，那麼百姓就會有羞恥之心，並改正錯誤，走上正道。」所以，賢明之君只有心裝仁義和百姓，才能贏得民心，造就一代盛世。

第一章　品格修養篇

第二章　積極行動篇

第二章　積極行動篇

═ 西門豹治鄴滅巫風 ══════════

　　戰國時候，魏文侯派西門豹去擔任鄴城[047]的縣令。

　　西門豹到了鄴城後，發現田地荒蕪，人民稀少，他被眼前荒涼的景色震驚了，遂召來一位老人，問他這究竟是怎麼回事。

　　老人回答說：「唉，大人若是不問及此事還好，問起來我老頭的心都痛。這一片好端端的土地，竟然變成這樣。說起來，都是河伯娶妻造成的。」

　　西門豹一聽，猶如丈二和尚摸不著頭腦，問道：「老人家，河伯是誰？是做何工作的？」

　　老人說：「河伯是漳河[048]的神，他喜好美麗的女子，每年都要娶一個妻子，才能確保風調雨順，年年豐收。要是不送一個女子給他的話，他則會發怒，會讓漳河洪水爆發，將田地和村莊全部淹沒。」西門豹問道：「此話是何人說的？」老人恨恨地說：「是這裡的巫婆說的。地方的官紳每年都會逼迫我們籌集幾百萬兩銀子，為河伯娶妻才用二三十萬兩，剩下的錢就和巫婆等人一起分了。」西門豹問：「那新娘從何處尋找？」

047　鄴城：古代著名都城，是古都安陽的古稱。遺址主體位於河北省臨漳縣西南二十公里的漳河岸畔，在今安陽市中心十八公里處，距邯鄲市四十餘公里。

048　漳水：發源於山西省境內東南部，在河北、河南兩省邊界處，全長四百六十六公里。其上游有清漳河和濁漳河二源，在河北省南部邊境匯合後稱為漳河，而漳水在其南，所經之地有鄴城、邯鄲等地。

西門豹治鄴滅巫風

　　老人說：「每年春天播種時，巫婆便會遍訪所有人家，凡是遇到年輕貌美的女子，便命人帶走，說是要嫁給河伯。但巫婆所選之人，都是窮人家的孩子，那些有錢的人家，只要給巫婆一些錢，便可逃過一劫。河伯娶妻那天，巫婆命人編葦為舟，置於漳水之上，讓女子沐浴更衣，讓她坐上，順水漂流，等漂流至數十里後，連人帶舟，一起沉入河底。凡是家中有女兒的，擔心被河伯所娶，攜女遠逃，所以人口越來越少，這裡也越來越窮。」

　　西門豹又問道：「那巫婆幫河伯娶了妻，河伯真的沒讓漳水洪水爆發嗎？」老人說：「要是真的不爆發那就好了，可是現在洪水照樣爆發啊。」西門豹已知道事情的原委，對老人說：「如此說來，河伯還真靈啊。下次嫁女時，請通知一聲，我應該親自送新娘一程。」老人答應了。

　　到了河伯娶妻那天，老人果然來告之西門豹，西門豹便帶著侍衛去了漳水邊上，靜觀事情的進展。遠近百姓聞訊前來看熱鬧，人數達數千人，站滿了整個河邊。巫婆和官紳見西門豹親臨，深感榮幸，忙上前迎接。西門豹一看，那個巫婆大約有七十多歲了，滿臉皺紋，一雙閃著狡黠目光的三角眼盯著西門豹看，她身後跟著幾個妖豔的女徒弟。

　　西門豹說：「請你把河伯的妻子帶來，我看看是否漂亮。」巫婆便命女弟子將女孩帶來了。西門豹看了那個女孩

一眼，便對巫婆說：「河伯乃尊貴之神，應該娶一個美若天仙的女子才恰當。此女相貌不佳，煩請您去向河伯通稟一聲，說我們要重新選一個漂亮的，過幾天再送過去給他。」說罷，不等巫婆反應過來，便命侍衛數人，共抱巫婆，投入河中。巫婆在河中撲騰了幾下，便沉了下去。西門豹卻泰然自若，等了好一會，說道：「巫婆年老體衰，精力不濟，必然辦不好此事，讓她的徒弟去催一催。」說罷，命侍衛共抱弟子一人，投入河中。

過了一會兒，西門豹又說：「她的徒弟為何要去這麼久？真是太沒用了，再派一個去催一催吧。」又把一個弟子投入河中。一連扔了三個，西門豹說：「這些女流之輩，去了這麼久，連句話都傳不清，煩請你去和河伯說說吧。」說著，命侍衛將一個官紳投入河中。那些官紳都嚇得臉色慘白，冷汗直流。

這時，西門豹又對他們說：「派了那麼多人去，竟然沒有一個人回來，你們說該怎麼辦呢？實在不行你們一起去催一催？」官紳們嚇得魂不附體，紛紛跪地叩首求饒，直磕得血流滿面，猶不肯起。西門豹冷笑一聲，說道：「那再等一會兒也無妨。」又過一會兒，西門豹說：「河水滔滔，一去不返，看來，河伯真的留下他們了。你們都回去吧。」官紳們如釋重負，磕頭謝罪。從此，鄴城巫風滅絕，再也沒有人敢說幫河伯娶妻的事了。

西門豹發動百姓開鑿了十二條渠道，引漳河之水來澆灌農田，年年都有好收成，百姓的生活越來越富足，都能安居樂業了。

【智慧悟語】

西門豹治鄴，線索眾多，他先問民疾苦，得知河伯娶妻之事，正是惡源所在，遂將計就計，以其人之道還治其人之身，上演了一場特別的河伯娶妻的鬧劇，當場拆穿了巫婆與官紳愚弄百姓的騙局，讓惡人作法自斃，百姓拍手稱快，多年的陋習就此消除。我們在一個新環境中，必然會顯得與周圍的人格格不入，不用為此焦慮或消沉，不如學西門豹的將計就計，先配合周圍人，人云亦云，等時間一久，你的品格和魅力自會展現出來，必能後來居上，受到別人的尊重。

═ 得管仲齊恒公稱霸 ═

管仲，名夷吾，字仲，潁上[049]人，史稱管子。他是春秋時期齊國著名的政治家、軍事家。管仲本是名門之後，不過到了他這輩，家道已衰落了。管仲容貌俊爽，博通古今，有經天緯地之才，安邦定國之志。

---

049 潁上：今安徽省阜陽市潁上縣。

第二章　積極行動篇

　　後來，管仲與鮑叔牙結識，共同經商，到賺錢分紅時，管仲拿的錢是鮑叔牙的好幾倍，鮑叔牙身邊的人為此憤憤不平，鮑叔牙卻說：「區區薄金，何足掛齒！管仲因家貧而多拿一些錢，是很正常的事情！」後來，兩人隨軍出征，每次開戰，管仲總是最後一個衝上敵陣，等凱旋還兵時，管仲總是位居隊伍的最前面。將士們都嘲笑管仲是個膽小如鼠之輩。鮑叔牙卻為其辯解說：「管仲家有老母，他要保住性命奉養母親，不是他不敢殺敵！」管仲聽說後，感慨道：「知我者，鮑子也！」兩人遂成刎頸之交，世稱「管鮑之交」。

　　當時，齊襄公有兩個弟弟，一個叫小白，一個叫公子糾。為了達成自己的人生理想，管仲和鮑叔牙商議道：「你我二人各自輔佐一位公子，他日不論哪位公子繼承大統，你我都要互相舉薦，同享富貴。」鮑叔牙欣然同意。於是管仲選擇輔佐公子糾，鮑叔牙選擇輔佐小白。

　　後來，齊襄公被堂弟公孫無知所殺，取而代之。但不久，公孫無知也在政變中被殺，君位空缺，齊國亂成了一團，齊國的大臣商議著擁立新君。當時，公子糾身在母親的老家，就是魯國；而小白也在母親的老家，就是在莒國。魯國國君聞訊後，馬上命管仲保公子糾回國繼位；而小白在鮑叔牙的建議下，急忙乘坐馬車，日夜兼程，趕往齊國，欲繼承王位。

　　因莒國離齊國較近，而魯國離齊國較遠，管仲擔心小白搶先一步回國繼承君位，便率領三十餘騎埋伏在小白歸國的道路上。不多時，便見小白乘著馬車徐徐而來，管仲挽弓搭箭，箭頭直指小白，「颼」的一聲射了出去。只聽見小白慘叫一聲，口吐鮮血，跌落於車下。鮑叔牙慌忙來救，侍從大叫：「不好了！」一起號哭起來。管仲見已得手，便率領那三十餘騎，絕塵而去，返報魯君。

　　那知，管仲這一箭只射中了小白的帶鉤[050]，小白聰明絕頂，應變之能無人能及，他深知管仲箭無虛發，唯恐他再射，情急之下，咬破舌頭，噴血詐死，連鮑叔牙都未能識破。鮑叔牙見小白無事，不禁大喜，忙命人快馬加鞭，趕往齊國。

　　魯君得知小白已死，以為再也沒有人和公子糾爭奪君位了，終於鬆了一口氣，欣喜異常。公子糾也不著急趕路了，一路不慌不忙，足足走了六天，才到齊國境內。此時，小白早已入城繼位了，他就是齊桓公。齊桓公繼位後，馬上派出軍隊，阻止公子糾入城。

　　同年秋天，齊桓公發兵攻打魯國，魯軍大敗，又被斷了退路。齊桓公給魯君送去一封信，說：「家無二主，國無二君。寡人與公子糾是親兄弟，他想與我爭奪王位，我不忍心

050　帶鉤：古代貴族和文人武士所繫腰帶的掛鉤，古又稱「犀比」。多用青銅鑄造，也有用黃金、白銀、鐵、玉等製成。

第二章　積極行動篇

殺他，你們替我殺了他吧！管仲、召忽等人，與寡人有深仇大恨，寡人絕不輕饒。請將他們交給齊國，寡人要將他們剁成肉醬，以解心頭之恨。你若是不答應，我就派重兵，繼續攻打你。」魯君驚恐萬分，下令處死了公子糾，召忽自刎而死，管仲則自願回到齊國。

齊桓公被管仲射中帶鉤後，詐死才保住性命，因此對管仲恨之入骨，發誓要報一箭之仇。鮑叔牙聞訊後，入宮力諫道：「您對我恩重如山，我用一生的時間也難以報答完。您身為一國之主，尊貴無比，對我的信任一如既往。如果您想治理好齊國，只用我和高傒就夠了；若是您想成就霸業，我們這些人就因能力不足，而無法輔佐您了。而管仲乃天下奇才，不論哪個國家得到他，都能稱霸天下。況且，做臣子的各為其主，為主盡忠是分內之事。當初，他用箭射您，是因為他一心為了公子糾，此乃忠義。如今則不同了，如果您能任命他為相，那您就離稱霸天下不遠了。所以，您是想報一箭之仇，還是想稱霸天下，還望您能慎重考慮。」聽了鮑叔牙這一番話，齊桓公頗以為然，怒氣頓消，不僅饒恕了管仲，還親自將他迎入宮中，拜他為大夫[051]，負責管理國政。

後來，在管仲、鮑叔牙的輔佐下，齊桓公勵精圖治，齊國逐漸強大起來。於是，齊桓公又任命管仲為相國，革新吏

---

051 大（ㄉㄚˋ）夫：古代官職名。先秦諸侯國中，在國君之下有卿、大夫、士三級。大夫世襲，有封地。

治，發展商業，提高魚鹽生產，救濟窮苦百姓，選撥了大量的賢才。在管仲一系列的舉措下，齊國上下一心，國力更加強盛。

此後，齊桓公多次與各路諸侯會盟，並被推舉為盟主，成為春秋時期第一個霸主。

【智慧悟語】

管仲輔佐齊桓公四十多年，使齊國迅速崛起，成為春秋五霸之一。齊桓公之所以能成就一番霸業，與他當初不計前嫌、勇於重用管仲有很大的關係。在齊桓公看來，當初管仲欲置自己於死地，是出於對主人的考慮。所以，外表看似邪惡的行為，卻是忠勇的展現。顯然，齊桓公不僅善於識別忠奸之人，更善於分別善惡。所以，齊桓公在成就自己霸業的同時，也讓管仲成為「春秋第一相」，名留青史。

孫武子練兵斬美姬

孫子，名武，字長卿，春秋時期齊國人。當時，齊國正在發生內亂，孫武覺得自己英雄無用武之地，便去了吳國，尋求機會。

在吳國期間，孫子潛心寫了十三篇兵書，這就是赫赫有

第二章　積極行動篇

名的《孫子兵法》。他還結識了伍子胥，並成為好友。在伍子胥的舉薦下，吳王闔閭接見了孫子。孫子將所著兵書呈上。闔閭每讀一篇，都不住地讚嘆，一直到讀完，對伍子胥說：「觀此兵書，便知孫先生真有通天徹地之才啊！」嘴上雖這麼說，但他心裡卻懷疑孫子是一個紙上論兵之徒，有心考察孫子的統兵能力，便對孫子說：「您可以來操演一下軍隊，讓寡人看看嗎？」

孫子回答說：「當然可以！」闔閭說：「那您能操演婦女嗎？」孫子自信地回答說：「當然可以！」闔閭突然哈哈大笑道：「寡人剛剛只是不過想試試先生的才學，卻不知先生如此不知天高地厚，天下哪有婦女操戈演陣的？」

孫子微微一笑，不亢不卑地說：「大王如果不信，不妨試一試看看。請把後宮的侍女交給我訓練指揮，如果我失敗了，小民甘願承擔欺君之罪。」

闔閭當即從後宮中選出三百個美女，交給孫子演練。孫子把她們分成左右兩隊，由闔閭兩個最寵愛的侍妾擔任隊長。所有宮女一律換上士兵的鎧甲，每人手持兵器。一切安排妥當後，孫子對她們說：「一通鼓，妳們原地待命；二通鼓，左隊向右轉，右隊向左轉；三通鼓，左隊向後轉，右隊向前轉。聽到鑼響，兩隊合為一隊。」將令宣布完畢，孫子馬上命人擊鼓，命兩隊宮女分別向左右方向轉。宮女們平生

還是第一次操戈演陣，十分新奇，看著各自怪模怪樣的裝
扮，更覺得滑稽可笑，掩口大笑不止。一通鼓響過，宮女們
妳推我搡，嬉鬧不止，隊伍頓時亂成一團，哪裡還顧得上聽
從軍令。

　　孫子見狀，說道：「紀律不清楚，號令也發揮不了作
用，這是將領的過錯。」說罷，再次交代了紀律和號令，然
後又命人擊鼓，讓宮女們向左轉。然而，那些宮女依然懶洋
洋的，嬉鬧依然如故。孫子看到後，挽起雙袖，親自擂起
戰鼓。宮女們見如此情景，更覺得有趣，肆無忌憚地大笑
起來。

　　孫子的臉頓時沉了下去，怒睜雙眼，厲聲說道：「紀律
不清楚，號令也發揮不了作用，這是將領的罪過。但將領再
三重申，你們仍然不遵從，這就是士兵和隊長的罪過了！」
說著，又大喝道：「來人！將左右隊長推出斬首！」左右軍
士不敢怠慢，當即上前將兩個當隊長的侍妾綁了。吳王闔閭
正在臺上觀看孫武操演宮女，但他卻不相信孫子的話，只是
用此來尋找樂子罷了。剛才，宮女和愛妾鶯聲燕語，嬉鬧不
止，軍令無法執行，他看著孫子一本正經的樣子，不禁樂得
哈哈大笑。此時，見孫子震怒，真的把兩個愛妾綁了，眼看
就要斬首，他才著急起來，忙命使臣傳達命令說：「我已知道
將軍善於用兵了。兩個侍妾一直侍奉寡人生活起居，十分貼

第二章　積極行動篇

心。若是寡人失去了她們，則食不甘味，睡不安席。請將軍放過她們吧！」

孫子嚴肅地說：「君無戲言。小民已經接受大王的命令擔任將軍，將在軍中，雖是君命，若是不妥當，也可以不接受。」說罷，向左右喝道：「速斬二姬！」不多時，軍士便提著兩顆血淋淋的人頭示眾。兩隊宮女嚇得面如土色，渾身顫慄，不敢仰視。孫子在宮女隊伍中，挑選出兩名宮女，讓她們擔任隊長，重新開始演練。

隨著鼓聲響起，左右兩隊宮女不論是左右、前後旋轉，還是兩隊合一隊，都符合軍令和紀律的要求，整齊劃一，分毫不差，而且沒有一個人再敢發出聲音。孫子滿意地點了點頭，馬上派人向吳王稟報道：「軍隊已操練整齊，大王可以下臺視察她們的演練。您可以隨便用她們，即便赴湯蹈火，她們也不敢避退。」而此時的吳王，正因失去兩位心愛的美人而痛心不已。所以，他對孫武產生了厭惡，哪裡還有心情去檢閱軍隊，怏怏不快地回宮去了。

伍子胥等了好久，也不見吳王重用孫子，便猜到他因二姬之死，有些怨恨孫子，便入宮進諫道：「兵者，凶器也。不可當作兒戲。身為將帥，如果不殺不服從軍令的人，那日後如何能服眾？大王想要稱霸天下，就要有良將的輔佐。而孫子不論從哪方面來說，確實是難得一見的將帥之才。不用孫子為將，又有誰能替您率軍作戰呢？美色很容易得到，但良

將難求啊！」吳王聽後，頓時醒悟。當即傳令，拜孫子為將軍，讓他統領吳國的兵馬。

吳王闔閭三年（西元前五一二年），吳國起兵攻打楚國，攻占了舒邑[052]。吳王想趁著勝利之勢，攻取楚國都城郢都[053]，孫子卻認為軍隊征戰多時，將士疲勞，現在攻打郢都不易取勝。吳王聽取了他的意見，休兵整頓。

此後幾年中，吳國多次發兵征討楚國。最後一次，吳國傾全國之兵力，與唐國、蔡國組成聯軍，共同西征楚國。楚國派兵抵禦，雙方在漢水[054]大戰，楚軍大敗而逃。吳軍趁勝追擊，五戰五捷，攻克了郢都。

破楚之後，吳國威震周圍諸侯國，沒有人敢與吳王為敵。而立下不世之功的孫子，深知功成身退的道理，急流隱退，過起了隱居的生活，再也沒有人知道他的行蹤。

【智慧悟語】

俗話說：「不以規矩，不能成方圓。」這個規矩對於軍隊來說，就是軍令；對於國家來說，就是律法；對於團體來說，就是規章制度。既然立了規矩，就必須做到嚴格遵守，也就是「有法必依，執法必嚴，違法必

---

052 舒邑：故城在今安徽廬江縣西。
053 郢（ㄧㄥˇ）都：位於湖北省荊州北面離城八公里的紀南城。
054 漢水：古代稱沔水，長一千五百七十七公里，為長江最長的支流。發源於陝西省西南部漢中市甯強縣大安鎮的漢王山。

究」。如果只是立了規矩，而不去執行，那麼這些規矩無疑就是一紙空文，也就沒有什麼信用可言了。孫子深諳此道，他說到做到，有罪必罰，執法如山，樹立了軍法的威信，將士們不敢再以身試法，堅決聽從軍令。所以，大到國家，小到個人，都應該遵從紀律，這樣才是一個優秀民族的展現。

趙武靈王胡服騎射

　　戰國時，趙國國勢衰微，屢受一些大國的欺侮，甚至連一些小國和匈奴族也不時興兵侵犯。一直到趙武靈王繼位後，變革圖強，使趙國迅速強大起來，成為當時的「七雄」之一。

　　趙武靈王身高八尺，器宇不凡，胸藏大志，腹隱珠璣。他發現趙國的百姓身穿長袍大褂，無論下田工作，還是出征打仗，都極其不便。而北方胡人身穿短衣窄袖，騎馬射箭十分方便。趙武靈王決心要對趙國進行改革。趙武靈王十九年春天，趙武靈王與大臣肥義商討國家大事，一連討論了五天才結束。隨後，他又召見樓緩等大臣商議道：「趙國比起以前，強大了很多，但大業還未完成。我國周圍有很多敵對的國家，如果沒有強大的軍事力量，則會有亡國之禍。所以我們要進行一場巨大的變革，但是，要取得高於普通人的功

績，就要做好不被世俗之人所理解的準備。寡人準備效仿胡人的生活習俗，改穿胡人的服裝，你們以為如何？」樓緩思想開放，向來喜歡接納新事物，十分贊同趙武靈王的想法，而其他大臣則全部持反對意見。

趙武靈王對肥義說：「當年趙簡子、趙襄子二位先主，正是吸取了胡人[055]的經驗，取得了很大的成就，所以寡人才決心學習他們的做法。我準備改穿胡人的衣服，廢車騎馬，練習箭術，不僅如此，寡人還要帶領趙國百姓改穿胡服，學習騎馬射箭。但寡人這樣做，百姓和大臣一定不會同意。你說寡人該怎麼辦才好呢？」肥義思索良久，說道：「臣聽說事情懸而不決，就不會獲得成功。大王您既然決定背負移風易俗的名聲，那麼就沒有必要在乎別人的看法。況且，您這樣做，對趙國有益無害，您就放心大膽地去做吧！」趙武靈王大喜，堅定了信心，第一個穿上胡服。

趙武靈王派人去遊說朝中股肱之臣、自己的叔父公子成說：「寡人穿了胡服，而且還準備穿著它上朝，希望叔父您也能改穿胡服上朝。在家裡，您是長輩，寡人一切聽從您的；在朝中，寡人是一國之主，希望您能聽從寡人的。若是寡人穿著胡服上朝，而您卻沒穿，恐怕會遭來非議。再說，從推

055　胡人：中國古代漢人對除了漢人以外部族的稱呼，通常是指中國北方以及西方的遊牧民族，主要包括匈奴、鮮卑、氐、羌、吐蕃、突厥、蒙古國、契丹、女真等部落。

第二章　積極行動篇

行國家政令的原則上說，一切政令都應該從大臣和國君的家族開始執行，這樣百姓才願意執行，政令才能向全國推行。況且，寡人執意改穿胡服，是為了使趙國快速強大起來，並不是為了滿足個人的享樂。您是寡人的叔父，也是朝中重臣，如果您同意了，其他大臣也就不好說什麼了。希望您能支持寡人，共同成就一番大業。」公子成認為趙武靈王的做法是破壞了祖先留下來的規矩，不符合禮儀，所以堅決不同意。

　　說客如言返報，趙武靈王雖然無奈，但卻不甘心，親自來到公子成家中，懇請他說：「衣服本來就是為了方便人穿著的，而禮儀也是用來方便人做事的。聖明之人，會觀察百姓的風俗習慣，根據現實情況，制定禮儀，目的就是能使國家和百姓得到好處。每個國家的禮儀和風俗不盡相同，並且會隨著實際情況的變化，不斷做一些適當的調整。現在寡人改穿胡服，練習騎馬射箭，就是為了訓練出一支強大的軍隊，使周圍的國家不敢來犯。希望您不要拘泥於一些風俗習慣，全力支持寡人。」公子成終於被說動了。次日，他們就穿上胡服上朝。趙武靈王正式發布詔令，命趙國百姓改穿胡服。

　　沒過多久，趙國上至王侯貴族，下至平民百姓，不論貴賤，都改穿胡服，出門騎馬，以射獵為趣事。因此，趙國迅速崛起，兵強馬壯，國力大增。趙武靈王二十一年（西元前

三〇五年），趙武靈王親率軍隊攻打中山國 [056]。中山國毫無抵擋的能力，獻城求和，趙武靈王欣然同意，收兵回國。兩年後，趙國再次攻打中山國，中山國再次割地求和。又過了三年，趙國第三次出兵攻打中山國，徹底擊潰了中山國。隨後，趙武靈王向北攻打燕代 [057]，向西攻取了雲中 [058]、九原 [059]的土地。

【智慧悟語】

趙武靈王推行胡服騎射的政策，目的是為了富國強兵，展現了他的雄才偉略和遠見卓識。當時，一些目光短淺之人，認為他改變了祖先留下來的制度，是為大不孝。但趙武靈王堅信自己的做法是正確的，力排眾議，開始進行改革，結果成為一代雄主。現實生活中，自己認為是正確的事，就要勇於堅持做下去，不必在乎別人的說法，因為最後獲得的成功就是最好的證明。

---

056 中山國：前身為北方狄族鮮虞部落，姬姓。
057 燕代：戰國時燕國、代國所在地。泛指今河北西北部和山西東北部地區。
058 雲中：古郡名。原為戰國趙地，秦時置郡，治所在雲中縣（今內蒙古托克托東北）。
059 九原：古郡名。秦時置郡，今內蒙古包頭市九原區。

第二章　積極行動篇

≡ 臥薪嘗膽勾踐復國 ≡

　　春秋時期，吳王闔閭打敗楚國，勢力大增，成為南方霸主。闔閭和鄰邦越國國君允常關係不和，經常發生戰爭，兩國結下了很深的仇恨。

　　西元前四九六年，允常去世，其子勾踐繼位。年老的吳王趁著越國剛遭到喪事，不聽從大臣伍子胥等人的勸阻，發兵攻打越國。越王勾踐起兵禦敵。當時，越國的兵力不如吳國強大，吳王以為取勝易如反掌，沒想到卻被越軍打得潰不成軍，吳王也受了箭傷，回國沒多久就去世了。臨死之前，他拉著兒子夫差的手，說道：「你以後一定要滅掉越國，替我報仇。」夫差含淚答應了父親。

　　夫差登上王位後，命令侍從數十人站在宮廷門口，每當自己出入時，他們則高聲呼喊道：「夫差，你忘了勾踐的殺父之仇了嗎？」夫差每次聽到這話，忍不住涕泗橫流，悲痛地說道：「夫差不敢忘記！」他命伍子胥等人日以繼夜訓練兵馬，儲備糧草，待喪期一過，就攻打越國。

　　三年之後，夫差興全國之兵力，進攻越國。勾踐收到消息後，馬上決定出師迎敵。大臣范蠡勸諫道：「夫差為報殺父之仇，備戰三年，兵強馬壯，我們若是迎敵，不易取勝，不如堅守城池，伺機而動。」但是，勾踐卻依然固執己見，沒有採納范蠡的建議，決心起兵迎敵，結果越軍大敗，勾踐率領殘兵退

守會稽山[060]。夫差趁勝追擊，將會稽山圍了個水洩不通。

　　勾踐此時才意識到事態的嚴重，對范蠡說：「寡人真後悔當初沒聽你的勸告，才有如此慘敗，現在寡人該怎麼辦呢？」范蠡說：「唯今之計，只有主動求和了。」勾踐無奈，只好派大臣文種出使吳國。見到夫差後，文種跪地膝行，行至夫差面前，把勾踐願意投降的意願說了一遍。夫差聽後，不忍心殺勾踐，正準備答應文種，但伍子胥堅決反對，夫差開始有些猶豫。文種眼見大事要壞，知道只要有伍子胥在，求和很難成功，便辭退出來，從長計議。後來，他聽說吳國大臣伯嚭（ㄆㄧ ˇ）是個貪財好色之徒，便投其所好，送給他一批美女和大量錢財，託他勸說夫差，答應勾踐的求和。伯嚭早就被那些美女和財寶迷住了，十分痛快地答應了。次日，伯嚭帶著文種去見夫差，述說了來意。伯嚭見夫差猶豫不決，知道大事能成，便一一陳述了接受勾踐求和的種種好處，一時口吐蓮花，說得夫差連連點頭，終於答應了越國息戰罷兵的請求，但條件是勾踐必須到吳國做奴隸。

　　文種回去將夫差提出的條件報告給勾踐。勾踐聽後，長嘆一聲，就開始收拾行裝，帶著妻子，動身前往吳國，范蠡也一同前往。勾踐到了吳國後，夫差命令勾踐夫婦住在闔閭墓旁的一間屋子裡，讓他當馬夫，餵養宮中所有的馬。每當

060　會稽山：位於浙江省紹興市區東南部。

第二章　積極行動篇

夫差出巡，勾踐先匍匐在地，讓夫差踩著他的背登上馬車，之後，勾踐還要為他在前面牽馬。

一次，夫差病臥在床，無法上朝理事。范蠡聽說後，對勾踐說：「大王，您應該去看看吳王。如果吳王准許您入見，您一定要抓住機會，嘗嘗他的糞便，再觀其顏色，然後祝賀他很快就會痊癒。等他病體康復，必然會為您的誠意而感動，那時，我們回國的機會就更大了。」

勾踐聽後，泣淚道：「寡人再不濟，也曾當過君王，怎能做這等含垢忍辱、嘗他人糞之事呢？」范蠡長嘆一聲，開導他說：「昔日周文王姬昌，被紂王囚禁於羑里[061]，殺其子伯邑考，做成餡餅給他吃。周文王對此心知肚明，為了日後的大業，只能忍痛食子肉，那該是一種什麼滋味？古今成大事者，往往不拘泥於小事。吳王夫差有婦人之仁，而無大丈夫的氣概，他有心赦免我們，但突然又改變主意。您不這麼做，又如何能博得他的信任呢？得不到他的信任，我們什麼時候才能回到越國呢？」

經范蠡如此一說，勾踐當即入宮，請見吳王，探其病情。得到准許後，勾踐入殿，跪在夫差的床前，說道：「罪臣聞聽龍體不適，心中萬分難過，特來探望您。」夫差聽後，正要答話，忽然覺得腹漲欲便，左右侍從忙取來便桶。待夫

---

061 羑（一ㄡˇ）里：古地名。今位於河南省安陽市湯陰縣。

差事畢，勾踐又叩首道：「罪臣對醫道略懂一二，觀人糞便，便知病情如何。」說著，揭開桶蓋，伸手取出一塊糞便，放入口中嘗之，左右侍從無不掩鼻遮臭。

勾踐又再三拜首道：「恭喜大王，您的大便苦中帶酸，正如春夏氣味相調和，您的病很快就好了。」夫差見勾踐如此，感動萬分，便問在場的伯嚭是否能做到這一點。伯嚭回答說：「我雖忠於您，願意為您付出性命，但這件事情我還是做不到。」夫差感慨道：「是啊，不要說你了，即便是我兒子，恐怕也做不到這些。」透過此事，夫差更認定勾踐對自己忠心不二，便放他回國。

勾踐回到越國後，始終忘不了在吳國受的種種恥辱，立志報仇雪恥。他擔心錦衣玉食的生活會消磨了自己的意志，晚上睡在柴草上，房梁上懸掛著一隻苦膽，每日起床或休息，他都要嘗一嘗苦膽的味道，怒聲自問道：「勾踐，你忘了會稽之恥了嗎？」除此之外，勾踐禮賢下士，吸納人才，勤於國事，敬老恤貧，經常和百姓們一起耕種作物。

經過二十年的勵精圖治，越國國力大盛，糧食滿倉，百姓生活富足，軍隊兵強馬壯。勾踐覺得復仇的機會到了，遂起兵進攻吳國，大獲全勝，夫差慌忙逃往姑蘇山[062]，求和不成，最後自殺身亡。吳國就這樣滅亡了。

---

062 姑蘇山：今江蘇蘇州城外西南方向。

第二章　積極行動篇

　　苦難和屈辱能使一個人奮發圖強，成為人傑，這一點，從勾踐身上就能看出來。勾踐嘗糞問疾、臥薪嘗膽二十年，忍常人所不能忍之辱，受常人所不能受之苦，苦心勵志，發憤強國，終於滅掉了強大的吳國，一雪前恥。人生中，苦難和恥辱必不可少，若是每個人能像勾踐一樣，知恥而後勇，一定可以創造出一番事業。

═ 毛遂自薦一夕成名 ═

　　戰國時期，趙國經過長平一戰後，國力大衰，一蹶不振。但秦國卻不肯善罷甘休，又派大軍圍攻趙都邯鄲。

　　趙王得知秦軍來攻，忙派平原君出使楚國，說服楚王與趙國結盟，發兵援助趙國。平原君打算從手下門客中挑選二十人做隨從，但挑來挑去，從三千多人的門客中，只選出十九名文武兼備的人，最後一人竟無從可得，平原君不由嘆道：「我趙勝養了十幾年的門客，為什麼得一位賢才這麼難呢？」話音未落，眾多門客中有一人高聲說道：「公子，為何不算我一個？」平原君一看此人相貌堂堂，聲如洪雷，便問他姓甚名誰。那位門客說：「在下毛遂，薛國[063] 人，在公子

063　薛國：今山東省滕州市官橋鎮。

門下三年有餘。」平原君見他面生，又沒聽身邊的人舉薦過他，遂生輕慢之心，說：「大凡賢人處世，譬如尖錐處於囊[064]中，其鋒芒立刻會顯現出來，今先生居我門下已有三年，但我從來沒聽說過您，可見先生文武一無所長，況且出使楚國，關係到趙國的生死存亡，不可不慎，我擔心先生難以勝任，您還是別去了。」

毛遂沒有退卻之意，上前一步，說道：「公子言之有理。臣一直沒有身處囊中的機會，倘若早處囊中，必會脫穎而出，而不僅僅是只露鋒芒的事了。」平原君認為他說的有理，便同意毛遂同行。其餘十九人對毛遂方才的言論嗤之以鼻，都認為他不過是逞口舌之能，沒有什麼真才實學，彼此目視而笑。在去楚國的路上，十九個人自恃飽讀詩書，常常無所顧忌的高談闊論，而毛遂則是默默無言，不發一言。

到了楚國後，平原君與楚王商討「合縱」抗秦之事，反復向楚王陳述「合縱」的利害關係，從早上一直談到中午，楚王畏懼秦國，猶豫無法決斷。這時，毛遂按劍踏階而上，步入堂內，對平原君說：「楚趙合縱，無非利害二字，三言兩語便能說明白，為何到現在還無法決定！」楚王聞言大怒，斥道：「我與你的主人議事，你有什麼資格說話？還不與我退下！」毛遂聽後，不退反進，按劍說道：「合縱乃天下大

064 囊：口袋：橐囊。

第二章　積極行動篇

事，天下人都有資格議論，再說，在臣主面前，大王為何要喝斥我！」楚王自知失態，緩和了一下情緒，問道：「先生有什麼話要說？」

毛遂說：「楚國有沃土五千里，雄師百萬，這是您的資本，足可以傲視天下。秦國的白起，不過是個小孩，只帶了幾萬部隊，就敢攻打楚國。結果第一戰就攻占了楚都城郢，第二戰就燒了夷陵[065]，第三戰您被迫遷都。這是楚國的百世之仇，萬世之怨，連趙王都為您感到羞恥。大王您難道不覺得，今日合縱聯盟，都是為了楚國，而不全是為了趙國嗎？」楚王聽後，深感羞愧，連連說是。毛遂見狀，便問道：「大王您決定合縱了嗎？」楚王點了頭說：「寡人已決定與趙國聯盟了。」毛遂便命令左右，取來歃血[066]盤，自己端著盤子，跪獻在楚王面前說：「大王您應該歃血為盟，以表示您合縱的誠意，下一個是臣的主人，最後是臣。」待結盟完畢，毛遂托著盤子，對其他十九個人說：「諸位就在堂下參加誓盟吧，你們都碌碌無為，就是人們所說的依靠別人才能辦成事情的人啊！」

楚王既然答應了合縱之事，便發兵救趙，邯鄲之圍得以解除。平原君見大事已定，便回到了趙國。平原君對毛遂說：「先生三寸之舌，強於百萬之師。我自認為識人無數，絕

065　夷陵：今湖北宜昌東南。
066　歃血：古人盟會時，嘴唇塗上牲畜的血，表示誠意。

不會漏掉一個人才，但今天卻差點漏掉先生。我從今以後再也不敢自以為是地挑選人才了。」從此，平原君把毛遂奉為上等賓客。

【智慧悟語】

　　真正的人才確實像口袋中的錐子，錐鋒早晚都會露出來的。但若是沒有機會進入口袋的話，錐鋒再銳利，也很難脫穎而出。毛遂深諳這一點，大膽地爭取表露才華的機會，結果獲得成功。很多時候，在與別人交往的過程中，你若是不主動展現自己的思想性格和才能，別人是很難注意到你的。所以，毛遂自薦給那些有才能卻沒有用武之地的人才樹立了一個典範。

錐刺骨蘇秦掛相印

　　蘇秦，字季子，曾與張儀師從鬼谷子[067]，學習權謀縱橫之術。學成之後，蘇秦、張儀辭別恩師鬼谷子，各奔東西，

067　鬼谷子：王詡，又名王禪、鬼谷子，是歷史上極富神秘色彩的傳奇人物，春秋時人。常入雲夢山採藥修道。因隱居清溪之鬼谷，故自稱鬼谷先生。春秋戰國時期著名的思想家、謀略家、兵家、教育家，是縱橫家的鼻祖，是中國歷史上一位極具神秘色彩的人物，被譽為千古奇人，長於持身養性，精於心理揣摩，深明剛柔之勢，通曉縱橫捭闔之術，獨具通天之智。他的弟子有兵家：孫臏、龐涓；縱橫家：蘇秦、張儀。

第二章　積極行動篇

張儀去了魏國，蘇秦回到了故鄉洛陽[068]。蘇秦與父母、哥哥嫂子、妻子以及弟弟妹妹，一別數年，如今得以相聚，舉家歡喜，殺雞宰羊，擺宴慶祝，鬧到半夜，方才各自安歇。

在家逗留數日，蘇秦不屑家中瑣事，欲周遊列國，便和母親商量，變賣家財，充作資費。母親、嫂子以及妻子都嘲笑他說：「你應該專心於經營產業，努力從事工商，以獲取利益。現在你不僅不做這些事情，反而要憑口舌博取富貴，以至於窮困潦倒，你難道還不知悔改嗎？」

蘇秦雖被家人阻擋，但壯士未酬，豈能放棄？他去求見周顯王，欲陳述自己富國強兵的策略。周顯王身邊的大臣知道蘇秦出生農賈之家，懷疑他志大才疏，沒有多少真才實學，不肯向周顯王推薦他。蘇秦在旅舍居留數日，仍然沒等到周顯王的接見，一氣之下，返回故鄉，將所有家產變賣，得黃金百兩，置購黑色貂皮大衣，僱傭隨從奴僕數十人，乘坐馬車，周遊列國，遍訪山川地形，風土人情，盡得天下利害之詳，但儘管如此，還是沒有人願意重用蘇秦。

後來蘇秦聽說商鞅受封於商地，頗得秦孝公的重用，便動身前往秦國。但到了秦國後，秦孝公已經去世，繼位的是秦惠王。蘇秦便開始遊說秦惠王說：「秦國四面環山，有許多險峻要塞，而且沃野千里，物產豐富。以大王的賢明，再加

068　洛陽：今河南洛陽市。

之那麼多的百姓和訓練有素的軍隊，完全可以滅掉周室，吞併諸侯，一統天下，建立萬世基業。」

秦惠王剛殺商鞅，十分厭惡遊說之士，便冷冷地說：「老鷹羽翼未豐，不能高飛。寡人雖有稱霸天下之志，但秦國還是比較弱小，再等數年，待兵力稍足，再議此事也不遲。」蘇秦聽後，知道多說無益，便拜辭出來。回去後，他又將爭天下之術，彙集成書，呈現給秦惠王。秦惠王暗恨蘇秦不知好歹，但又不便明說，每次雖然都會閱覽他的奏章，但絕無起用蘇秦之意。

蘇秦在秦國居留了很長時間，幾百兩黃金已經用盡，黑貂之裘也穿壞了，萬般無奈之下，他只能以車馬換錢，充為路資，挑著書箱，背著行李，徒步返回故鄉。回到家中，父母見其蓬頭垢面，極為狼狽，怒聲斥之；妻子正在織布，見他歸來，竟然不下織機；蘇秦一路奔波，飢腸轆轆，請嫂子做飯，嫂子卻裝作沒聽到，不予理睬。

蘇秦見此情景，不覺泣淚嘆道：「父母不把我當兒子，妻子不把我當丈夫，嫂子不把我當小叔，這都是我的罪過啊！」於是，他發憤圖強，將原來所讀的書全部放棄，找到一本姜太公的《陰符》，從此閉門不出，潛心鑽研，晝夜不息，每當深夜昏昏欲睡時，他就用錐子刺股，血都流到了腳下。一年之後，蘇秦學有所成，天下大勢，皆所詳悉。

第二章　積極行動篇

這次蘇秦自信滿滿，辭別家人，準備再去秦國，遊說秦王，但轉念一想：當今七國中，要數秦國的勢力最為強大，可以輔佐其成就千秋大業，可是秦王不信任我，我如今再去，倘若再受到冷遇，又有何顏面回故鄉？仔細思慮一番，蘇秦決定聯合其他諸侯國，孤立秦國，如此一來，各國皆能自立。於是，蘇秦到了趙國。但是，趙國的相國奉陽君對蘇秦的治國方略不屑一顧，蘇秦只好離開趙國，北上燕國，等了一年多時間，他才得以見到燕文侯。

蘇秦對燕文侯說：「燕國國土縱橫兩千里，軍隊數十萬人，戰車六百輛，戰馬六千匹，所儲之糧夠全國百姓吃好幾年。燕國土地肥沃，物產豐富，是真正的天府之國啊！諸多諸侯國中，能使百姓安居樂業，沒有戰爭，也不會有全軍覆沒、將領被殺的事情發生，沒有哪個國家能比得上燕國。燕國之所以不招致其他國家軍隊的怨恨，不被他們侵犯，是因為燕國南面的趙國起著屏障作用。秦國與趙國打過五次仗，秦國只勝了兩次，趙國勝了三次。秦國與趙國互相征戰，彼此削弱，大王便能從後方牽制著他們，這就是其他國家不會輕易侵犯燕國的原因。所以，臣以為大王應該與趙國合縱，與各個諸侯國連成一體，團結一致，共同抵禦秦國，這樣才能得百世安寧。」

燕文侯聽了蘇秦的一番話，覺得很有道理，同意與趙國

結盟，並賞賜蘇秦大量金銀財寶，高車大馬，派軍隊護送他前去趙國遊說趙王。從此，蘇秦一路走順，單憑一己之力，成功說動韓、趙、魏、齊、楚五國國君合縱抗秦，並佩戴六國相印。從此，蘇秦揚名天下，榮華富貴，享用不盡。

待他衣錦還鄉時，家人收拾房間，置辦酒席，到郊外三十里處去迎接他。妻子不敢與他對視，低眉順眼為他端茶倒水，側耳聽他說話。嫂子則如蛇一般，匍匐在地，再三叩首謝罪。蘇秦高坐堂上，問道：「嫂子以前不肯為我做一頓飯，為何現在對我如此恭敬呢？」嫂子結結巴巴地說：「如今季子位高權重，天下皆知，不敢不敬畏！」

蘇秦一聽這話，頓覺多年來的努力和苦難沒有白費，全身上下一陣輕鬆，快意無比！

【智慧悟語】

蘇秦從一個洛陽平民一步步成為身佩六國相印的顯赫人物，除了他對天下大勢的敏銳判斷、權謀機變之外，還和他堅毅的品格和自信有關。從辭別師父鬼谷子下山後，蘇秦遊說過好幾位君王，但都失敗了，此時，他才意識到自己的學識依然不夠，狼狽回家。從此他忍受著家人的懷疑，兩耳不聞窗外事，埋頭苦讀，以錐刺股，終於學有所成，最後獲得了巨大的成功。由此可

第二章　積極行動篇

> 見，欲成大事，除了有魄力之外，在某種程度上，還要需要積極地、不斷用學識充實自己才行。

= 李斯觀倉鼠論環境 =

李斯是楚國上蔡[069]人。他年輕的時候，在地方當了一個小官，俸祿微薄，勉強糊口。

一次，李斯如廁時，看到廁所裡的老鼠爭食髒物，每當有人或狗來的時候，便驚慌四散。後來，李斯去檢查糧倉，看到糧倉中的老鼠，不慌不忙，群集一起，吃著上好的粟米，住在安全的大屋中，風不吹雨不淋，也不用擔心人或狗來驚擾。李斯又想到廁所裡面的老鼠，不由感慨道：「一個人有沒有出息，就和這些老鼠一樣，都是自己所在的環境決定的。」

後來，李斯拜在當時著名的文學家荀子門下，跟著他學習輔佐帝王治理天下的學問。幾年之後，李斯學成，博學多才，文采斐然。李斯覺得建功立業的時候到了，便向荀子辭行說：「恩師，我聽說一個人若是有了機會，就一定不能錯過。如今天下大亂，各個諸侯國之間不斷爭戰，遊說之士往往能左右天下大勢。現在秦王欲兼併六國，統一天下，這正是我大展宏圖、完成抱負的機會。一個人出身低微並不可

069　上蔡：今河南省東南部。

悲,但可悲的是他不主動去爭取富貴。這樣活著和禽獸一樣,只想吃現成的肉,墮落成性,不會有什麼成就的。這個世界上最大的恥辱莫過於卑賤,最大悲哀莫過於貧窮。所以我要西去秦國,遊說秦王。」

李斯到了秦國後,投到相國呂不韋門下,當了他的門客。呂不韋很賞識李斯的才能,把他推薦給秦王。李斯對秦王說:「才能平庸的人往往會錯失良機,一事無成;而成就大業的人在不僅擅於把握機會,而且能下狠心。以前秦穆公手握雄兵,稱霸天下,但最終卻沒能吞併山東六國,這是為什麼呢?那是因為當時各路諸侯人數眾多,實力雄厚,而周朝的德望也沒徹底衰落,因此五霸交替興起,仍然擁護周朝。但自從秦孝公繼位以來,周朝倒施逆行,國勢漸衰,諸侯之間互相兼併,函谷關[070]以東的地區化為六國,秦國稱雄於六國之間已有六代。而現在的諸侯國,如同秦國的下屬郡縣,對秦國恭敬有加,不敢不從。以秦國的實力,再加上大王的賢明,要吞併六國,一統天下,就像掃除灶上的灰塵一樣輕而易舉。這樣千載難遇的機會,若是大王不能及時掌握住的話,等諸侯國醒悟過來,制定盟約,聯合抵禦秦國,那時,大王即便有黃帝之才,再也無法吞併它們了。」李斯的一番話,句句都說到了秦王嬴政的心坎上。於是便任命李斯為長

---

070 函谷關:位於河南靈寶市北十五公里處的土垛村。

第二章　積極行動篇

史，按照他的計謀，暗中派遣能言善辯之士，周遊列國，以重金收買各國賢能之士，實在無法收買的，就派刺客暗殺他們。接著，秦王便派出重兵，攻打各國。不久，李斯又被秦王任命為客卿[071]。

正值此時，韓國派鄭國藉以修築管道之名，潛伏於秦國，刺探情報，但不久便被發現了。秦國的大臣和貴族紛紛上書，力諫秦王將各國來秦國的遊說之士，驅逐出境，而李斯也在驅逐的名單裡面。李斯便上書云：

臣聽聞大王要驅逐客卿，臣斗膽認為，這是不對的。當初，穆公廣招天下賢才，西得由余於西戎[072]，東得百里奚於楚國，迎蹇叔於宋國，求丕豹、公孫友於晉國。這五個人都不是秦國人，但秦穆公卻能重用他們，最後成為霸主。孝公重用商鞅，制定法令，移風易俗，國家因此變得富強，威震天下。惠王用張儀之計，攻占三川[073]，吞併巴蜀[074]，北收上郡[075]，南取漢中[076]，囊括九夷[077]，占據成皋[078]。不僅得到了肥

071　客卿：古代官名。春秋戰國時授予非本國人而在本國當高級官員的人。

072　西戎：西戎的稱謂最早來自於周代，周人自稱華夏，便把華夏周圍四方的族人，分別稱為東夷、南蠻、西戎、北狄，以區別華夏，西戎是古代華夏人對西方少數民族的統稱。

073　三川：夏商周時代，東周春秋戰國時期中國古代地名。華夏民族、中華文明的核心策源地，最古老的中國發源地，黃河中下游流域，指古代中原地區。

074　巴蜀：先秦時期地區名和地方政權名，在今重慶和四川境內。

075　上郡：今陝西榆林市南。

076　漢中：今陝西漢中市。

077　九夷：古代稱東方的九種民族。亦指其所居之地。

078　成皋：今河南省滎陽市西十八公里氾水鎮虎牢關村西北故成皋城。

沃的土地，而且還瓦解了六國的合縱聯盟。昭公得到范雎，廢黜穰侯，驅逐華陽君，削奪權貴的勢力，然後又逐漸兼併其他國家，奠定了使您能夠統一天下、成就霸業的基礎。這四位君主，都是依靠其他國家說客的力量才得以成功。這樣看來，客卿有哪一點對不起秦國呢？假如這四位君主不接納和重用他們，秦國又怎能有現在的強大呢？

臣聽聞，土地廣闊，則物產豐富；國家廣大，則人口眾多；軍隊強大，則士兵勇敢。所以泰山不排斥土壤，故能成其高；河海不擇細流，故能成其深；君王不拋棄民眾，才顯其盛德。所以，土地不分東南西北，百姓不分哪個國家，四季五穀豐登，鬼神降福，這就是五帝三王無敵於天下的原因。但您現在卻排斥說客，為敵國所用，使得天下無人敢投秦國，這正是借兵器給敵人，送糧食給竊賊啊！這樣一來，在內部削弱秦國力量的同時，又與其他諸侯國結下怨恨，那時，秦國就危險了。

秦王覽畢其書，意識到了自己的錯誤，馬上下令廢除逐客令，恢復了李斯的官職。在李斯的輔助下，秦王僅僅用了二十多年的時間，就兼併六國，完成了中國統一大業。

第二章　積極行動篇

【智慧悟語】

　　《諫逐客書》是中國古代著名的議論文。文章邏輯嚴密、論事周詳、富有文采，有很高的文學價值。魯迅在論及秦代文學時說：「秦之文章，李斯一人而已。」獎贊之高，前所未有。同時，李斯富有卓越的政治才能和遠見。當得知嬴政下令逐客時，李斯沒有逃避，而是當機立斷，上書陳述了秦國的長遠利益，迎合了嬴政雄霸天下的願望。文章中沒有提及自己的去留問題，也沒有為自己鳴冤叫屈，這正是李斯的高明之處。他以退為進，讓嬴政接納了自己觀點，廢除逐客令，自己也得以留在秦國，一展才華。

═ 興匈奴冒頓用心機 ═══════════

　　秦始皇時期，匈奴的首領叫頭曼。頭曼生性悍勇，頗有謀略，率領匈奴兵一路南下，進犯秦國邊界，被秦國大將蒙恬擊潰，頭曼只好遠徙北方。一直到秦朝衰滅，中原大亂，再也無暇顧及邊塞，匈奴得以休養生息，又逐漸南下，趁隙進犯邊境。

　　冒頓是頭曼的長子，勇悍非凡，更甚其父，被立為太

子。後來頭曼續娶閼氏[079]，又生一子，頭曼對這母子二人寵愛備至。時間一久，頭曼越來越喜歡次子，有廢黜冒頓、改立次子為太子之意。便設了一計，命冒頓去月氏[080]當人質。父命不可違，冒頓縱然有千萬個不願意，但也不得不行。

當時的月氏國勢強盛，有甲兵十餘萬人。頭曼表面與月氏修好，暗中卻想進攻月氏，欲借他人之手，殺掉冒頓，永絕後患，以便立次子為太子。因此冒頓前腳剛走，頭曼便整頓兵馬，前去攻擊月氏。月氏得知匈奴來攻，勃然大怒，欲殺冒頓。冒頓聞聽後，卻不慌張，偷得一馬，當夜逃回了匈奴國。

頭曼見了冒頓，不覺驚異萬分，待冒頓將如何脫離險境的經過一一說明後，頭曼認為他智勇雙全，遂任命他為將軍，統領萬餘人。冒頓逃回國中，便知自己此行是父親故意所為，現在如果不先發制人，說不準哪天還會再遭父親的毒手。於是，他想出了一個駕馭部下的方法，只有將他們收服，聽命於自己，才能成事。冒頓用骨頭造了一種響箭，上端穿孔，射箭時，聲響淒厲，遂命名為鳴鏑（ㄉㄧˊ）。

次日，冒頓召集部下，命令道：「爾等看清了，日後我鳴

079 閼氏（一ㄢ ㄓ）：閼氏，原為女性妝扮用的胭脂古稱。後意義擴展為漢朝的公主、還有匈奴皇后號。

080 月氏：為西元前三世紀至西元一世紀一個民族名稱。早期以遊牧為生，住在今中國的甘肅一帶，並經常與匈奴發生衝突，到後來被匈奴攻擊，一分為二：西遷至伊犁的，被稱為大月氏；南遷至今中國甘肅及青海的祁連山西北麓一帶的，被稱為小月氏。

第二章　積極行動篇

鏑所射之物，你們也要一齊射箭，違令者斬！」部下齊聲答
應。冒頓擔心部下有不服從命令的，常常率領他們射獵，鳴
鏑一響，萬箭齊發，稍有延遲者，皆做了冒頓的刀下之鬼。
幾天後，冒頓將自己的愛馬牽出，用鳴鏑射馬，左右有不敢
射的，冒頓當即抽刀將不射馬者斬殺。又過了幾天，冒頓
將最受他寵愛的小妾帶出，又用鳴鏑射去，左右無不驚駭之
極，但因有前車之鑑，將令難違，不得不射。有幾個人知道
冒頓為人反覆無常，擔心射箭之後，會遭致報復，遲疑了一
番。哪知冒頓當下便察覺到，用刀將他們斬首。從此，部下
對冒頓言聽計從，不敢再違抗他的命令。

　　頭曼有一匹愛馬，放於野外，冒頓看見，搭箭便射，鳴
鏑之聲剛響，左右便爭相競射，立時，那匹馬被射得如同刺
蝟一般。冒頓大悅，馬上派人去請頭曼射獵，自己騎馬跟隨
其後，乘其不備，用鳴鏑射頭曼，他的部下聞聲相隨，齊射
頭曼。頭曼聽得身後一聲弦響，緊接著便是無數箭矢破空
吟嘯之聲，還沒來得及轉身，便被亂箭射中，一頭栽落於馬
下，立刻死去。冒頓又將後母和弟弟，以及頭曼的心腹大
臣，全部誅殺，然後自立為單于。

　　當時，匈奴東邊有東胡[081]，國力強盛，兵強馬壯，東胡
王聽說冒頓弒帝自立，就派使者對冒頓說，想要得到頭曼生

081　東胡：是中國東北部的古老遊牧民族。自商代初年到西漢，東胡存在了大約
　　　一千三百年。

前的那匹千里馬。冒頓召集群臣商議，群臣紛紛勸阻道：「那是先王留下來的寶馬，怎能輕易送人呢？」冒頓卻搖頭道：「我與東胡是鄰國，不能因為一匹馬，失去了和睦，不如送給他。」隨後就把這匹馬交給東胡來使帶回去。

　　沒過多久，東胡又派來使者，對冒頓說，東胡王看中了他寵姬，欲納為自己的小妾。冒頓徵詢左右侍臣的意見，侍臣皆怒聲說道：「東胡王明明是尋釁滋事，欺我太甚，竟敢索要我國閼氏，這還了得！單于，請發兵滅了東胡。」冒頓又搖頭道：「我與人家是鄰國，怎能因為一個女子，與東胡交惡呢？他既然喜歡我的寵姬，我送給他也無妨。」當即傳喚出愛姬，交給東胡來使帶走。

　　又過數月，東胡再派使者前來和冒頓索要兩國交界的空地。冒頓依舊召問群臣，群臣有贊同給的，也有堅決反對給的。這時，冒頓卻勃然大怒，拍案而起，喝道：「土地乃國家之根本，怎能輕易送人？」一面說，一面喝令左右，將東胡使者，以及贊同給地的官員，一起推出斬首。隨即調集兵馬，攻襲東胡。

　　東胡王得了冒頓的寶馬美人，洋洋自得，白天馳騁，夜晚偎抱，快樂無比。他一直很輕視冒頓，以為他畏懼自己，所以慢慢就放鬆了警惕，不設防備，豈知，他卻不知已經中了冒頓的驕兵之計了。東胡王忽聞冒頓率兵來攻，慌忙召

第二章　積極行動篇

集兵馬，倉促應戰，結果被冒頓輕而易舉打敗，東胡王也被殺。

　　冒頓大勝而歸，旋即又西擊月氏，南吞樓煩[082]，重新收復了當年被蒙恬奪走的土地。其時正值中原劉邦、項羽打得不可開交，冒頓趁機擴張勢力，擁有控弦之士達三十多萬，各諸侯國都不敢與他發生衝突。

　　匈奴從其先祖淳維至頭曼單于，已有千餘年的歷史了，期間，匈奴的疆域屢次被外來之敵吞併，過著朝不保夕的生活，直到冒頓單于後，匈奴迅速崛起，稱雄於北疆[083]。

【智慧悟語】

　　冒頓是一個驍勇有謀、心狠手辣之人。當他得知父親要害他時，心生怨恨，造鳴鏑以令部下，先射馬，再射愛妾，最後射死了父親。他不念骨肉之情，不僅殺了父親，旋即又殺了弟弟和後母。雖然說成大事者不拘小節，但像冒頓這種五倫盡喪，用親人的性命換來的成功，寧可不要。但冒頓身為一代草原雄主，殺伐決斷的果斷和勇氣，還是值得後人學習的。

082　樓煩：古代北方部族名，精於騎射。
083　北疆：即新疆的北部。天山山脈將新疆分為南北兩大部分，稱天山以北為北疆。

═ 定朝儀功出叔孫通 ═

叔孫通是薛縣[084]人，十分有才華，善於寫文章。秦朝的時候，叔孫通入朝擔任待詔博士[085]。後來，秦朝滅亡，叔孫通幾經輾轉，歸附了漢朝，官位仍是博士，號為稷嗣君。

叔孫通聰明過人，善於揣摩別人的心思。漢王五年（西元前二○二年），劉邦大敗項羽，奪取天下。各路諸侯相聚一起，共同尊奉劉邦為皇帝。在慶功宴上，群臣痛飲佳釀，互相爭功，甚至有的喝得酩酊大醉，大吼大叫，拔劍擊柱，鬧得不可開交。劉邦見此情景，臉色頓時陰沉了下來，一臉怒色，可又不知該怎麼辦才好。這時，叔孫通察覺出了劉邦的情緒，趁機對劉邦說：「這些人都是草莽英雄，他們只能為您攻池掠地，卻不能共議天下大計。現在天下已定，朝廷不能沒有禮儀約束，臣願意召集一些儒生，以及臣的弟子，共同制定朝儀，以規範天下。」

劉邦說：「要定朝儀，一定不能過於繁瑣，不然我可受不了。」叔孫通說：「臣聞五帝有不同的樂制，三王有不同的禮制。禮制就是因地制宜，為所有人制定的。臣可以結合古代和秦朝的禮儀制度，折中酌定，制定出漢朝的禮儀制度。」劉邦說：「好吧，你試著去辦吧，但一定要簡單易行。」

---

084 薛縣：今山東棗莊薛城北。
085 待詔博士：官名。

第二章　積極行動篇

　　叔孫通受命而出，當即啟程到了魯國，召集了三十多個儒生，讓他們共入京都，制定朝儀。各儒生喜不自勝，以為飛黃騰達的時候到了，唯獨有兩個儒生不肯入都，而且嘲笑叔孫通說：「你先臣事於秦，繼而助楚，後又效命於漢，共歷數主，想必都是靠阿諛奉承，討得君主的歡心，所以你才有今天的尊崇。如今天下初定，百姓的生活還未恢復，你就想制定朝儀，談何容易！縱觀古時賢明帝王，必先積德百年，才有資格制定禮制，你不過是藉此討好皇帝，博取榮華富貴罷了。我二人不願學你，請你盡快離開，不要玷汙我等清名。」叔孫通聽了嘲諷，心中自然不是滋味，強顏笑道：「你二人真不識時勢的變化啊！」

　　叔孫通便帶著願意隨行的儒生三十多人，原路返回都城。又從為劉邦治學的人中，抽調出一部分人，再加上他的弟子共一百多人，在郊外豎起許多竹竿，用繩索分縛成幾排，先劃好演練的位置，然後命人把剪下的茅草捆縛成束，一束一束的直立起來，或在上面，或在下面，作為尊卑高下的次序。演練一個多月後，叔孫通感覺差不多了，便請劉邦前來觀看。劉邦看了後，覺得很滿意，便命群臣來郊外學習禮儀。

　　長樂宮建成後，劉邦決定在長樂宮舉辦一次朝會，便下詔通知各路諸侯和文武百官。朝會那天，儀式非常隆重，規

模宏大，氣派非凡。實際情景是這樣的：天色微明，由司儀[086]引領諸侯群臣，依次進入殿門，宮廷中排列著戰車、騎兵、步兵以及侍衛，還陳列了各種兵器，張掛旗幟。群臣徐徐而入，依照官位大小，左右分站。功臣、列侯、將軍、軍官按順序排列在西面，面朝東方；文官從丞相以下，排列在東面，面向西方。這時，劉邦乘輦從寢宮出來，百官舉旗傳呼警備，引導各級別的官位按序朝拜劉邦。

朝拜結束後，劉邦下令分排擺宴。群臣屈身附首，按照尊卑次序，起身捧樽，向劉邦敬酒。斟酒九巡，司儀宣布宴會結束。百官一齊告退。在整個朝會的過程中，由御史監督百官，如果有誰不合禮儀，便讓他退場，不准再坐。整個朝會和酒宴中，沒有一個人敢大聲喧嘩。

待百官退去，劉邦也回到寢宮，心中萬分高興，得意地說道：「我今日才體會到當皇帝的尊貴了！」隨後任命叔孫通為太常[087]，賜金五百斤。叔孫通入宮謝恩，並趁機進言道：「臣有一群儒生和弟子，跟隨臣多年了，並且和我一起制定朝儀，希望陛下能賜他們官做。」劉邦立刻同意了，將跟隨叔孫通的儒生和弟子全部任命為郎。叔孫通出宮後，又將自

---

086 司儀：官名。負責接待賓客的禮儀。
087 太常：是掌建邦之天地、神祇、人鬼之禮，吉凶賓軍嘉禮以及玉帛鐘鼓等威文物的官員，即唐虞的秩宗、周朝的宗伯、秦朝的奉常，位列漢朝九卿之首，地位十分崇高，兼管文化教育以及皇帝陵墓、寢廟所在縣邑，也統轄博士和太學。

己所得的五百兩黃金，全部分給了諸生。儒生和弟子們升官又發財，樂得喜不自勝，他們高興地對叔孫通說：「先生真是個大聖人！是最懂時務的大聖人！」

　　從此叔孫通平步青雲，官至太子太傅[088]。後來，劉邦打算廢掉劉盈，改立另一個兒子劉如意為太子，在叔孫通堅決的反對下，劉邦才作罷。劉邦死後，劉盈繼位，即漢惠帝，叔孫通繼續擔任太常，漢初的各種禮儀制度，都是出自他之手。

【智慧悟語】

　　叔孫通是一個有思想，勇於突破傳統禮教的知識分子。他的言行看起來與儒家的學說背道而馳，被視為儒家的另類，但實質上還是以儒家為中心的。他不斷地努力適應時代的變化，在適應環境的過程中，又用自己的智慧去改變環境，因而在達成改變環境的同時，也實現了自我價值。他團結一批儒生參與新政權的政治建設，做出了很大的成績。他用獨特的方式，改變了劉邦排斥儒生的看法，並把儒家學說作為政治領域的文化。叔孫通的貢獻無疑是巨大的，所以司馬遷曾評價他是「漢家儒宗」，這樣的評價是十分中肯的。

088　太子太傅：官名。是太子的師傅。

第三章　能言善辯篇

第三章　能言善辯篇

═ 救魯難子貢遊列國 ═══════════

　　端木賜，字子貢，春秋末期衛國[089]人。他是孔子得意的門生，口齒伶俐，巧於雄辯，反應機敏，辦事通達。

　　周敬王二十年（西元前五百年），齊國上卿晏嬰病逝，大臣田常早有篡位自立之志，現在晏嬰雖死，但朝中尚有鮑牧、晏圉（ㄩˇ）兩位重臣輔政，便不敢擅自作亂。後來，他主動向齊景公請命，率領軍隊攻打魯國，以擴大齊國的疆土。齊景公稱善，命他訓練軍隊，徵調糧草，以備伐魯。當時，孔子有個弟子正在齊國，他得知這個消息後，馬上密報孔子。

　　孔子召集弟子們商議說：「魯國是父母之國，也是我們出生的地方，現在兵禍將要降臨在魯國，不可不救。你們誰願意出使齊國，說服田常停止伐魯？」

　　子路、子張、子石紛紛請願前往，孔子沒有答應。此時，子貢問道：「夫子，我願意前往齊國遊說田常。」孔子大喜道：「展現你辯才之時已到！」子貢馬上收拾行裝，向孔子辭行，前往齊國。

　　到了齊都，子貢求見田常，田常知道子貢是孔子的高徒，此番前來，必然是遊說自己的，決定給子貢一點顏色瞧瞧，遂命人請他進來。待子貢剛坐下來，田常就厲聲問道：

089　衛國：今河南省鶴壁市浚縣。

「先生此次前來，是為魯國充當說客的嗎？」子貢答道：「我隨孔子離開魯國多年，魯國的事已與我沒有關係了，我是特意為您謀劃此事而來的。我認為，您攻打魯國很難成功，不如攻打吳國比較容易建立功業。」田常不悅地問道：「為什麼呢？」

子貢說：「我聽說憂患在內的宜攻強國，憂患在外的宜收弱國。而您的憂患就是不能與諸位大臣同朝同事，如果現在攻下魯國，功勞都諸位大臣的，而您無功可言。如果您移師進攻吳國，諸位大臣則會被強敵困擾，到那時，您就完全可以掌控齊國了。」

田常說：「先生說得很有道理，不過我派去的兵已快到魯境了，如果再改道攻打吳國，已經來不及了，這該怎麼辦？」

子貢說道：「您可以命令軍隊原地待命，我去向吳王求救，如果吳王願意出兵伐齊救魯，這樣一來，齊國不就有了攻打吳國的理由了嗎？」田常答應了。

子貢星夜南行，來到吳國，見到吳王說：「魯國曾與吳國聯手進攻齊國，齊國十分惱怒，伺機報復。現在齊國兵壓魯境，戰勝後準備轉道攻打吳國。大王何不主持正義，發兵助魯，先滅齊國，再收魯國為臣屬國，威懾晉國，這樣一來，大王稱霸天下的功業，便可一朝建立。」

　　吳王點頭道：「你分析的符合當前形勢。但是最近越王勾踐訓練士兵，積極備戰，可能有報復我的決心。等我先滅掉越國，再發兵援助魯國。」

　　子貢忙勸阻道：「大王，萬萬不可！越國實力單薄，不能與吳國相匹敵，攻下越國的意義不大，而放過齊國，則是永久的禍患啊！若是避齊而伐越，則智勇皆無，何以顯名當世？如果大王擔心越國會趁虛復仇，臣願為大王出使，前去拜訪越王，讓他發兵隨大王一同出征，大王可命他當先遣部隊，攻打齊國。此舉損越國實力而有利於吳國，乃一舉兩得，請大王明察。」吳王十分高興，說道：「如果真能如此，我自然願意。」

　　子貢隨即辭別吳王，東去越國。越王聽說子貢要來，十分高興，親自駕車出城迎接，將子貢請到貴賓館舍裡。越王謙卑地對子貢說：「先生辱臨敝國，不知有何見教？」

　　子貢說：「我來此之前，曾遊說吳王出兵伐齊救魯，他卻擔心大王您會趁隙攻吳，所以打算先滅掉越國。」越王愕然道：「我曾自不量力，與吳國為敵，才有會稽之恥。為此，我痛入骨髓，日夜苦思與吳王同歸於盡，這是我最大的願望。如今，禍之將至，請先生為我設策，助越國逃過此劫。」

　　子貢說道：「吳王為人狂妄自大，凶狠殘暴，喜歡聽奉承之言，大臣伯嚭善於逢迎，得寵當朝，大王可用重金賄賂

他，討其歡心，然後發兵隨吳王伐齊。此番征戰，若是吳國不勝，其國力也會削弱，這是越國之福，如果勝利了，吳王稱霸天下的野心就會膨脹，必會移兵攻晉。這樣一來，大王便有隙可趁，大仇也就能報了。」越王為感謝子貢，欲贈送其財物，子貢不受而去。

子貢回到吳國，向吳王覆命道：「臣此番前去拜訪越王，以利害關係遊說他。他聽說大王起疑，十分驚恐，為表臣服之心，一兩日內會派兵來朝聽命。」

幾天後，越王便派來大夫文種去了吳國。文種先去謁見太宰伯嚭，說明來意，然後送給他很多奇珍異寶，伯嚭大喜，當即帶他一同入朝。見到吳王後，文種跪地叩首道：「越王感激大王不殺之恩，現在聽說大王將率仁義之師攻打齊國，鋤強扶弱，特派下臣文種統帥三千精兵前來聽命。我主在守國，他詢問大王出征日期，屆時他將率領敢死之士，追隨大王，為大王衝鋒陷陣，效犬馬之勞。」

吳王大喜，對子貢說：「越王願率敢死之士隨寡人出征，先生以為如何？」子貢說：「依臣愚見，大王徵用越國所有精兵，又要越王隨軍出征，與道義不合，應該讓他留國守城為是。」吳王接受了子貢的建議。隨後，吳王接收越兵，又調集九個郡的兵力，經過一番訓練後，便發兵伐齊救魯。

子貢隨即辭別吳王，北上晉國，見到晉定公說：「臣聽說

第三章　能言善辯篇

『人無遠謀，必有近憂』。現在吳國馬上就要和齊國打仗了，如果吳國取勝，一定會攻打晉國。」晉定公問道：「依先生之見，寡人該怎麼辦呢？」子貢說：「整治兵器，修養兵馬，準備抵抗吳軍。」晉定公採納了他的意見。

等到子貢離開晉國返回魯國時，吳國已經打敗了齊軍，魯國得以保全。但吳王不肯罷兵，又趁勝利之勢，命令軍隊進攻晉國。豈料晉國早已經做好準備，以逸待勞，把吳國的軍隊打得落花流水，幾乎全軍覆沒，幸虧有伍子胥帶兵趕去援助，吳王才得以脫身。越王聽說吳王兵敗，認為復仇機會到了，率領軍隊進攻吳國，吳王三戰三敗，最後被迫自殺，吳國滅亡。

滅掉吳國三年後，越國稱霸於諸侯。

【智慧悟語】

子貢不愧為春秋時期傑出的外交家，他睿智、善於應變。子貢此行，亂齊國，滅吳國，強晉國，使越國稱霸，最後保全了魯國。他之所以遊說成功，關鍵在於他能夠巧妙利用大國之間的利益衝突，又能掌握各國君主的心理和性格，因勢利導，使各國都願意接納他的意見，並按他的部署行事。

＝ 唐雎使秦不辱使命 ＝

戰國末期，秦王嬴政先後滅掉了韓、魏等國，勢力更加強大，威焰日盛。

安陵國是魏國的附庸小國，嬴政覬覦安陵國已久，現在魏已滅，安陵國無人庇護，便想用欺詐的手段，吞併安陵國。於是，嬴政派人對安陵君說：「安陵[090]雖然疆域不廣，但土地肥沃，寡人欲以方圓五百里的土地交換安陵，請安陵君一定要答應啊！」

安陵君回覆說：「承蒙大王的厚愛，用那麼多土地來交換我們這麼少的土地，天底下再也沒有比這更好的事情了。雖然是這樣，這塊土地浸染著先王的心血，我繼承這塊土地後，卻沒能經營好，愧對先王，所以我願意一輩子守護它，不敢交換！」秦王得知後，勃然大怒，欲起兵攻打安陵國。安陵君自知不是秦國的對手，便派策士[091]唐雎出使秦國，與秦國議和修好。

唐雎到了秦國後，馬上入宮覲見秦王。待唐雎上殿後，秦王先入為主，對他說：「寡人欲以五百里的土地交換安陵，安陵君卻拒絕了，這是何意？秦國能滅掉韓、魏二國，但安陵君卻守著五十里的地方得以倖存，這是因為安陵君資質德望俱佳，寡人不忍心與他交戰。現在寡人想助安陵君擴大

---

090 安陵：在今河南鄢陵西北。
091 策士：善於運用長策計謀以及獻策遊說術的人，概括為長策建議與獻策技巧。

第三章　能言善辯篇

領土，用數倍的土地換取安陵，但他卻不肯答應，這難道不是在蔑視寡人嗎？」唐雎說道：「大王，臣以為您一定是誤會了。安陵君從繼承封地後，秉承父志，一心求治，只想守護好它，即便用一千里土地也不敢交換，更何況是五百里呢！」話未說完，只聽得「啪」的一聲，秦王拍案而起，怒喝道：「先生知道天子發怒有什麼後果嗎？」唐雎說：「不知道。」秦王說：「天子發怒，屍體堆積如山，血流成河！」唐雎聽後，淡淡一笑，問道：「大王，您知道百姓發怒的後果嗎？」秦王說：「百姓發怒，只不過是回家用頭撞牆罷了！」

唐雎說：「那只是平庸之輩發怒，不是勇士發怒。專諸刺殺吳王僚的時候，彗星的尾巴掃過月亮；聶政刺殺韓傀的時候，一道白光直衝太陽；要離刺殺慶忌的時候，蒼鷹撲在宮殿上。這三個人都是百姓中的英雄豪傑，懷怒未發，凶兆已現。而我現在將要效仿他們。假如有魄力和有能力之人，被逼得無路可退，一定會發怒，那麼結果會有兩個人的屍體倒下，血濺五步，天下百姓會穿喪服，手舉白幡，送葬於幾里之外，號哭之聲直達天庭，今天這樣的事情即將發生！」說罷，挺劍而起，肅殺之氣頓時充滿整個大殿。

秦王臉色大變，直身而跪，連連向唐雎道歉說：「先生請坐，您是秦國的客人，寡人有怠慢之處，希望您能夠原諒。寡人現在才明白，安陵國之所以安然存在，是因為有先生您在啊！」

【智慧悟語】

唐雎是一位膽識過人的謀臣。他深知秦王的險惡用心，所以該如何應對早已是成竹在胸。因此，在這場政治交鋒中，他始終掌握主動權，沒有被秦王的謊言所迷惑，直言揭穿了他的騙局。被唐雎故意激怒的秦王，以天子發怒相威脅，唐雎毫不慌亂，慷慨陳詞，歷數專諸、聶政、要離三位刺客的壯舉，從氣勢和心理上壓倒對方，進而又表示要效仿他們的壯舉，挺身按劍，準備以死相拚，結果使秦王主動認錯道歉。在這場不見刀光劍影的舌戰中，表現了唐雎強烈的愛國情懷，和不畏強暴的布衣精神。

═ 韓非子論遊說之難 ═══════

韓非是戰國末期韓國人，出生於貴族世家，是著名的法家代表人物。

韓非十分喜歡刑名[092]之學，常常獨自鑽研各類古籍，而奠定他學說的理論基礎源於黃帝和老子的學說。韓非天生口吃，不善於言論，卻擅長著述。他和李斯師從儒學大師荀子，但李斯認為韓非之才在自己之上，常常感嘆自愧不如。

---

092 刑名：戰國時以申不害為代表的學派。主張循名責實，慎賞明罰。後人稱為「刑名之學」，亦省作「刑名」。

第三章　能言善辯篇

　　韓非看到韓國內政失和，衝突重重，國勢越來越弱，多次上書勸諫韓王，但韓王卻不肯接納他的意見。韓非感嘆韓王不能慧眼識才，重用賢能之士，反而信任貪位慕祿之徒，阿諛奉承之輩，並給他們大官做。在鬱鬱不得志、難展抱負的情況下，韓非寫了〈孤憤〉、〈說林〉、〈說難〉等著作，抒發了自己報國無門的憤懣情緒，闡述了為政治國之道。

　　韓非想透過遊說來宣揚自己的學說。他知道這樣做有很多的困難，這在他所撰寫的〈說難〉中，講得非常具體。他為了宣揚自己的學說而招致大禍，最終死在了秦國。〈說難〉裡寫道：

　　說服別人之所以困難，不是因為我的能力不足，無法說服君王；不是因為我的口才不好，無法明確地表達出自己的思想；也不是因為我有所顧忌，不敢指出君王的過失。說服別人的困難是，在於了解遊說對象的心理，以及用什麼方式和說詞說服他。所要遊說的對象欲博得名聲，而你卻用利益去遊說他，他就認為你品行低下，因而疏遠你。所要遊說的對象貪圖權利，而你卻用名聲去遊說他，他則認為你不切實際，因而不會重用你。所要遊說的對象其實心裡想得到利益，但表面上卻裝出一副想得到名聲的樣子，如果你用名聲去遊說他，他則會表面上重用你，而實際上卻排斥你；如果你用利益去遊說他，他則會表面上排斥你，而暗中卻開始採

納你的意見，並予以重任。這些都是遊說之士必須要知道的。

遊說之士最重要的是，對於君王極力推崇的事物，要多加讚美，而對於他厭惡的事情，就要多加掩蓋。他自以為高明，就不要提他以往的過失，避免他難堪；他自以為勇猛，就不要堅持自己的想法因而激怒他；他自以為強大，就不要找他不容易辦到的事來為難他。遊說之士一定要記住：如果君王想做的事與另一件事相同，如果有個人和君王有同樣的品行，就要多加美化那件事和那個人。有人和君王犯過同樣的過錯，就要設法替他掩蓋過失。等到君王不再猜忌你，開始接納你的時候，你就可以展示自己的才華和口才了。這就是和君王相處的難處啊！等到日子久了，君主了解了你的品行，對你的感情也深厚了，也就自然不會懷疑你的計策了，和他爭論也不會招來災禍了，那時候，你就可以對其曉以利害關係，輔佐他建功立業了。這樣的話，就是遊說成功了。

韓非在書中列舉了很多形象生動的比喻，例如彌子瑕的故事：彌子瑕是個美男子，很受衛靈公的寵信。一次，彌子瑕母親病倒在床，彌子瑕心急如焚，便假託衛靈公之命，駕著衛靈公的馬車回去看望母親。按照衛國的律法，私駕國君馬車的人要被砍掉雙腳。衛靈公知道此事後，非但沒有降罪於他，反而讚美他是個大孝之人。又有一次，彌子瑕在宮中的花園裡遊玩，從樹上摘下一個桃子，邊走邊吃，恰好碰

第三章　能言善辯篇

到齊靈公迎面走來，彌子瑕忙上前將吃剩的半個桃子呈上，說：「此桃鮮甜如蜜，臣不敢獨吞，特意獻上與大王分嘗美味。」衛靈公大為感動。多年以後，容貌俊美的彌子瑕變成了一個乾癟的老頭，衛靈公說：「他曾擅自駕著我的馬車去看他的母親，甚至把他吃了一半的桃子給我吃，真是欺人太甚！」這本來是同樣的事情，後來只因為衛靈公的愛憎有了很大的變化，所以才有了不同的看法。因此，在遊說君王的時候，必須充分考慮到君王的感受。就像龍一樣，龍可以馴服，戲弄，甚至可以騎牠，但龍的咽喉下端倒長了一塊鱗，長約一尺，如果有人觸動了，就會受到龍的傷害。君王和龍是一樣的，若要說服君王，一定要避免觸動他的「逆鱗」。

有人把韓非的書帶到了秦國。秦王嬴政讀了之後，十分欣賞韓非的才華，感嘆道：「寡人若是能與韓非交往，就是死了也沒什麼遺憾了。」李斯說：「韓非是韓國人，與臣有同門之誼。」嬴政為了見到韓非，發兵攻打韓國。韓王十分恐懼，便派韓非赴秦議和。韓非到了秦國，嬴政馬上召見，待為上賓。李斯、姚賈十分嫉妒韓非，便向嬴政進讒言說：「如果大王想要吞併六國，韓非肯定會盡力幫助韓國的。如果他在秦國待久了，了解了很多秦國的內幕，等他再回到韓國，必然是秦國的禍害。不如給他加個罪名，處死他。」嬴政生性多疑，決定先將韓非打入大牢。

後來李斯添油加醋，從中鼓動一番，嬴政這才決心賜死韓非，李斯大喜，給韓非送去毒藥，逼他自殺。韓非欲上書辯白，也沒有機會，無奈之下，只能服毒自殺。等到嬴政後悔，急忙下令，毒下留人，可惜已經晚了。

【智慧悟語】

> 韓非注重研究歷史，論述遊說之道時，列舉各種事例，娓娓道來，條分縷析，對人情世故剖析得十分準確，而且細緻入微，令人幡然醒悟。韓非論及的各種情形，都圍繞一個「難」字展開。這說明說服別人不僅僅是一場口才的較量，更是一場心智的爭鬥。可見，若要說服別人，不僅需要好口才，而且還需要淵博的知識和反應靈敏的頭腦才行。

魯仲連射書救聊城

戰國時期，諸侯爭雄，連年混戰，生靈塗炭，民不聊生。

燕國昭王野心勃勃，欲逐鹿群雄，稱霸天下，任命樂毅為大將，率領軍隊攻打齊國，一口氣攻下齊國七十餘座城池，聊城 [093] 就是其中之一。不久，燕昭王去世，太子樂資即

---

093 聊城：今山東聊城市。

第三章　能言善辯篇

位，即燕惠王。燕惠王當太子的時候，就與樂毅有很深的衝突，齊將田單便派人在燕國散布謠言，說樂毅有謀反之心。燕惠王本來就不滿樂毅，現在謠言四起，更加懷疑他了，便派上將軍騎劫接替樂毅，召樂毅回國。樂毅擔心回國被殺，就投降了趙國。

這時，齊將田單抓住機會，智擺火牛陣，大敗燕軍，殺了燕將騎劫，力復七十餘座城，但唯獨沒有攻下聊城。雙方僵持一年多，損兵折將，傷亡慘重。

齊國有一位名士，名叫魯仲連，自幼聰穎好學，口齒伶俐。在他十二歲那年，將齊國著名辯士田巴駁得啞口無言，當時人們稱他「千里駒」， 田巴為魯仲連小小年紀就有如此辯才折服不已，嘆道：「此子將來必是飛兔，豈止是千里駒！」魯仲連長大成人後，相貌不凡，富有謀略，卻不屑入仕為官，喜歡周遊列國，為他人排憂解難。各國君王無不欽慕和尊敬他。

魯仲連眼見聊城的百姓飽受戰亂之苦，心生同情，便親自去齊營拜見田單將軍，說：「聊城的守將是樂毅之姪樂英，為人剛正不阿，善於用兵，勇猛無敵。現在樂毅投降趙國，因此他也受到燕王的猜忌，不敢回國。他想獻城投降齊國，但又怕落個叛國不忠之名，所以他打算死守聊城，以保全名聲。將軍若是以武力攻城，他必會拼死抵抗，不如讓我寫

一封信給他，曉以利害，說不定他會有所轉變的。」田單知
道魯仲連是個韜略奇才，自然點頭稱善。魯仲連當即修書一
封，繫在箭頭上，射入城中。信上寫道：

　　明智之人不會錯失良機，真正的勇士不會畏懼死亡，忠
直之臣不會先考慮自己，再考慮國君。但您現在為了發洩一
時的憤怒，不顧及燕王在朝中的威信，這是不忠；您若是兵
敗身亡，丟了聊城，這是不勇；功業失敗，名聲破滅，您無
法名垂千古，受到後人的敬仰，這是不智。有了這三條，天
下所有的君王都不會把您當作臣子，天下所有的辯士都不會
傳頌您的功績。所以，聰明之人不會猶豫不決，勇敢之人不
會害怕死亡。現在是關係到您的生死榮辱的關鍵時刻，這時
再不決斷，則會錯失良機。希望您能慎重考慮，不要和那些
俗人一樣。

　　當初，楚國進攻齊國的南陽[094]，魏國進攻平陸[095]。齊國
不向南反擊的原因，是認為即便是丟了南陽，損失不大，根
本比不上奪取濟北[096]的利益大。現在秦國已經派出軍隊，魏
國忌憚秦國，不敢輕易向東進軍，秦國與齊國連橫，而楚國
的處境也危險了，無法攻打齊國了。齊國之所以放棄南陽，
就是下定決心奪回聊城，所以您不能再觀望了。現在進攻齊
國的楚軍和魏軍都撤退回國了，而燕國卻不增派援兵給您。

094　南陽：今河南南陽市。
095　平陸：今山西省平陸縣。
096　濟北：山東濟北市。

第三章　能言善辯篇

齊國一定會集全國之兵力，攻打聊城的，如果您執意堅守下去，我看您會徒勞無功的。

再說當今燕國，內憂外患，朝政腐敗，衝突重重，民心浮動。但您還是鼓勵聊城中疲憊的將士拼死抵抗齊軍的進攻，確實像墨子一樣善於據守；而您的軍隊糧草斷絕，餓殍遍地，以至於將士們吃人肉充飢，用人骨當柴燒，但沒有將士背叛您，確實像孫臏一樣善於帶兵。這樣一來，天下人都知道您的帶兵才能。但是，我現在為您做長遠考慮，一是撤兵回國，保全兵力報答燕國，燕王一定會很高興。您可以上輔燕王，下馭百官，矯敝更俗，為百姓謀福，安定燕國，名利雙收；二是若歸燕有顧忌，您可以歸順齊國，齊王定會裂土封官，委以您重任，富貴蔭蔽子孫。這兩個方案，希望您能仔細考慮，慎重抉擇。

我聽說，追求小節者，不易博得榮耀，以小恥為惡者，難以建功立業。當初，管仲為保公子糾繼位，欲射死桓公，但卻射中了他的帶鉤，這是犯上；他沒追隨公子糾而死，這是怯懦；他還帶刑具，入牢獄，這是恥辱。但凡具有這三種情況者，君王都不會用他為臣子，而百姓也會羞於與他來往。當初，如果管仲被囚禁至死，不能回到齊國，最終也會落個卑賤的名聲，恐怕就連奴僕也會與他同名而感到羞恥，更不用說普通百姓了。即便如此，管仲不覺得恥辱，所以他能輔佐齊桓公雄霸於諸侯，自己也得以名留青史。

從前，曹沫擔任魯國將軍，率兵外出征戰，接連戰敗，還丟了五百里的土地。如果曹沫因為羞恥而自殺，那麼，他

最終也只能落個敗軍之將的醜名。但是，曹沫知恥而後勇，趁著齊桓公與各路諸侯會盟之時，憑著一柄短劍，抵在齊桓公的脖子上，脅迫他歸還侵占魯國的土地，而他卻面不改色，談吐從容，沒有絲毫的慌亂。這一下，天下震動，諸侯驚駭，魯國從此威名遠揚，沒有人敢輕易得罪。這兩個人，忍受一時的恥辱和憤怒，奠定了千秋事業，揚名萬世。希望您能仔細考慮，盡快做出決定。

樂英收到魯仲連的信，再三閱讀，大哭三天，還是猶豫無法決斷，因而仰天長嘆道：「大丈夫處世真是難於上青天啊！我守城塗炭生靈是不仁，以身殉國是不勇，降齊受封是不忠，卸甲歸燕是不智，與其等別人來殺我，不如自殺！」說罷，他潸然淚下，悲愴地大吼一聲，拔劍自刎而死。守城燕軍見主將已死，頓時大亂，田單這才得以收復聊城。

回到齊國後，田單將魯仲連射書救城的始末匯報給齊王，齊王要封魯仲連為官，但他早已習慣了閒雲野鶴的生活，所以堅持不受，後來他隱居在海邊。

【智慧悟語】

魯仲連是稷下學宮百家爭鳴的環境中生出的曠世奇才。他身為辯士，深受天下人的敬仰和尊敬，享有很高的威望，但他沒將這些東西當作博取榮華富貴的籌碼，而是以天下安危於己任，愛國愛民，排憂解患。在辯術

方面，魯仲連擅長根據當前形勢，分析當事人的心理，曉譬勸喻，語言環環相扣，邏輯縝密，沒有一點累贅，為後世留下了寶貴的語言財富。

＝優孟哭馬君王改錯

　　優孟[097]是春秋時期楚國藝人。他能言善辯，插科打諢，常常逗得楚莊王開懷大笑，因此楚莊王十分寵信優孟。

　　楚莊王有一匹愛馬，養在裝飾豪華的屋子裡，讓牠穿著絲綢衣服，還用上好的棗乾當食物給牠吃。後來，這匹馬因為常年不運動，變得肥胖無比，最後得病死了。楚莊王非常傷心，下令要厚葬這匹馬，要求規格不能低於大夫的喪事。群臣接到此詔令，頓時譁然，紛紛勸阻楚莊王不能這麼做。楚莊王大怒道：「寡人生平就擁有這麼一匹愛馬，如今牠死了，為什麼就不能厚葬牠？」遂又下令說，誰敢再勸阻寡人葬馬，一律處斬！

　　優孟聽說此事後，知道楚莊王這樣做是冒天下之大不韙，會遭到天下人恥笑的。便靈機一動，跑到宮殿門外，仰天大哭，哭得非常傷心。楚莊王驚問他為何哭泣，優孟抹了抹眼淚，故作傷心地說：「我正在為您的愛馬而哭。楚國地域

097　優孟：優是身分，指藝人；孟是他的字。

遼闊，物產豐富，在您的治理下，百姓吃喝不愁，這樣的盛世之下，還有什麼事是辦不到的呢？用大夫的禮節埋葬牠，對牠真是太薄了，我建議用人君的禮節厚葬它。」

楚莊王問道：「那你說該怎麼安排呢？」優孟答道：「依我看，應該用雕玉[098]為棺，以梓木為槨[099]，用楓、豫、樟等名貴木材做護棺的木塊，派一支軍隊為牠修築墳墓，徵用百姓運輸築墳的材料，讓齊、趙二國的使者在前面陪祭，韓、魏二國的使者在後面擔任護衛，為牠修建祠廟，用豬、牛、羊三牲祭祀，最好封牠一個萬戶侯的諡號。這樣一來，各路諸侯聽說這件事情，所有人都知道您重馬輕人了。」楚莊王是個聰明人，一聽優孟這話，就知道是自己做得過分了，便說：「難道我的過失就這麼大嗎？那寡人現在該怎麼辦呢？」優孟想了想，說：「請您像對待畜生一般，將牠埋葬。用灶為槨，以鍋為棺，以火作衣，用棗薑調味，再祭以米飯，將它安葬到人們的肚子裡。」楚莊王聽後，不讓人再提此事，然後讓主管宮中膳食的太官將馬抬走了。

楚國相國孫叔敖知道優孟聰明睿智，是個賢才，十分尊敬他，兩人私交甚好。孫叔敖臨終前，把兒子孫安叫到床前，囑咐道：「我死之後，家道必衰，你一定會很貧窮。那時，你再去找優孟，告訴他你是我的兒子，他一定會助你度

---

098 雕玉：刻有花紋之玉。
099 槨（ㄍㄨㄛˇ）：古代套在棺材外面的大棺材；棺槨。

第三章　能言善辯篇

過難關的。」幾年之後，孫叔敖的兒子果然窮困潦倒，食不果腹，靠賣柴勉強糊口。一次，在集市上遇到了優孟，就對他說：「我是孫叔敖之子。家父臨終前，囑咐我窮的時候就來找您幫忙。」優孟說：「你且忍耐幾日，不要遠去，待我為你設法。」孫安拜謝而別。

優孟回家後，縫製了孫叔敖的衣冠，並模仿孫叔敖生前的言談舉止，練習三日，無一不像，猶如孫叔敖再生。恰逢楚莊王在宮中與百官宴飲，觀看歌舞。優孟便扮作孫叔敖的模樣，取來酒杯，滿斟佳釀，向楚莊王敬酒。楚莊王一見，以為孫叔敖復活，大驚道：「愛卿別來無恙，寡人對你甚是思念，請你繼續輔佐寡人。」優孟說：「您如果願意起用臣，臣自然願意。但家有賢妻，頗通世故，請容臣與妻子商議此事，三日後再來給您答覆。」楚莊王自然答應。

三日後，優孟入見楚莊王說：「臣的妻子建議臣別做楚相。」楚莊王問道：「那你的妻子是怎麼說的？」優孟說道：「臣的妻子說，孫叔敖做楚相的時候，忠誠廉潔，一心為民，把楚國治理得國強民富，您才得以稱霸天下。孫叔敖死後，家無餘財，他的兒子以賣柴為生。像這樣的楚相，不做也罷！」

楚莊王聽罷，不禁潸然淚下，說：「孫叔敖之功，寡人永生不敢忘記。」當即召入孫安，賜給他封地，子孫後代都可以繼承，永不斷絕。

【智慧悟語】

優孟寓教於樂的智慧確實能給後人帶來很多啟迪。優孟說服楚莊王別葬馬，不是直言規勸，而是以退為進，先消除楚莊王的排斥的心理，循序漸進，最後成功說服楚莊王。勸說他人時，退讓不是妥協，而是一種比較高明的智慧，以退的手段，集中精力，快速找出對方的弱點，最終達成前進的目的，說服別人接受自己的意見。

═ 說趙王甘羅取高位 ═

甘羅是戰國時楚國下蔡[100]人，是秦國名將甘茂之孫。甘茂死後，十二歲的甘羅在秦國相國呂不韋的門下做食客。

秦始皇為了統一天下，想派一位大臣入燕為相，利用燕國和趙國的仇怨，說動燕王與秦國聯手伐趙，以開拓河間[101]之地。呂不韋欲派大臣張唐前去，張唐卻託病不願意去，呂不韋便親自去勸說張唐。張唐對呂不韋說：「當初我率兵屢次攻打趙國，趙國人十分痛恨我。如今去燕國，必然經過趙國，趙國得知，一定會派人捉拿我，所以我不能去。」呂不

---

100 下蔡，今安徽潁上縣。
101 河間：古稱瀛洲。地處華北平原腹地，居京、津、石三角中心。

第三章　能言善辯篇

韋再三懇請，但張唐始終不肯答應。

　　呂不韋回到府中，獨坐堂上生悶氣。恰好甘羅為呂不韋送來茶水，見他一臉不悅之色，便問道：「您這是為何事煩惱？」呂不韋說：「我派剛成君蔡澤入燕三年，輔佐燕王喜，燕王喜為了聯秦伐趙，馬上將太子丹送入秦國當人質。為了表示秦國的誠意，我派張唐入燕為相，可他卻不肯去。」甘羅說：「區區小事，小臣願為您說服張唐。」呂不韋叱道：「我親自去請他，他都不答應，你一個小孩子能請得動嗎？」

　　甘羅年齡雖小，但極其聰明，口齒伶俐，當即回敬道：「當年項橐七歲為孔子師，而我現在已經十二歲了，比項橐年長五歲，如果我說不動張唐，您再責罵我也不遲。」聽了甘羅的一番話，呂不韋甚是吃驚，轉怒為喜道：「你若能說動張唐願意出使燕國，我拜你為客卿。」甘羅欣然辭別，前去拜見張唐。

　　張唐雖然知道甘羅是呂不韋的食客，但見其年少，有了輕慢之意，問道：「小孩，你此番前來，有何見教？」甘羅說：「我是專程來勸說您的。」張唐一聽，頓時來了興趣，示意他繼續說下去。甘羅問張唐道：「您的功勞，能與武安君白起相比嗎？」

　　張唐說：「白起南敗楚國，威懾燕、趙二國，戰無不勝，攻無不克，攻城掠地，不計其數，我的功勞沒有他的大。」

甘羅又問道：「應侯范雎在秦國的權利，和相國呂不韋相比，誰的更大？」張唐說：「自然是呂不韋的權利更大。」甘羅說：「當初范雎準備攻打趙國，想用白起為將，但白起堅決不從。范雎大怒，將白起驅逐出咸陽，最後白起在杜郵[102]被迫自殺。現在比范雎權利更大的呂不韋請您入燕為相，而您卻不肯去，您的死期不遠了。」張唐聽後，臉色一變，當場答應去燕國。

等張唐出發的日期確定下來後，甘羅對呂不韋說：「請您給我五輛馬車，我先替張唐先生去趙國通報一下。」呂不韋已知甘羅的才能，便入宮向秦始皇進言道：「甘茂之孫甘羅，雖然年少，但出身名門，又有才能。我想讓張唐出使燕國，張唐託病不肯去。甘羅僅僅幾句話就說服了張唐。現在甘羅願意去趙國報信，請您准許。」

秦始皇便宣甘羅入宮覲見，只見他身高五尺，眉清目秀，秦始皇已有三分喜歡，便問甘羅道：「你見了趙王，該怎麼說呢？」甘羅說：「陛下，小臣這可說不準。小臣只知道觀察他的情緒變化，伺機進言，若是話不投機，便見風轉篷。」秦始皇大喜，給他派了僕人百名，馬車數十輛，遣他出使趙國。

趙襄王聽聞燕國和秦國修好，正擔心兩國合謀圖趙，忽

102　杜郵：古地名。戰國屬秦，又名杜郵亭。在今陝西咸陽市東。

第三章　能言善辯篇

然有人來報說，秦國使者已到，自然喜不自勝，親自到郊外迎接甘羅。甘羅對趙王說：「大王您知道燕國送太子丹去秦國做人質的事情嗎？」趙王點了點頭。甘羅又問道：「那您聽說張唐要入燕為相的事了嗎？」趙王又點了點頭。甘羅說：「燕國派太子丹到秦國當人質，說明燕國沒有欺騙秦國；而秦國派張唐到燕國為相，說明秦國也沒有欺騙燕國。秦、燕二國不互相欺騙，則會聯手伐趙，趙國就危險了。秦國聯合燕國攻打趙國沒有其他原因，只是為了得到趙國河間一帶的土地。大王您不如答應我，將河間一帶的五座城池送給秦國，臣再奏請秦王，將太子丹遣返，與燕國絕交，然後秦國再與趙國聯手攻打弱小的燕國。」

　　趙王大喜，當即將五座城池的地圖割交給甘羅。甘羅馬上遣使返報秦始皇。秦始皇喜不自勝，將太子丹遣送回燕國，又讓張唐返回。趙王聽說張唐沒去燕國，知道秦國真的與燕國絕交了，便發兵攻打燕國，一連奪取上谷[103] 三十座城池，送給秦國十一座。

　　甘羅回國稟報秦始皇，秦始皇封甘羅為上卿。

103　上谷：今河北省張家口市宣化區。

【智慧悟語】

　　甘羅年齡雖小，但聰明絕頂，有極高的洞察力。他利用國與國、人與人之間的利益和衝突，解決了呂不韋為之頭疼的問題，使秦國不費一兵一卒，輕而易舉地得到了趙國的五座城池，真可謂英雄出少年。甘羅在勸說張唐時，言簡意賅，直接言明張唐將走白起的老路，張唐這才反應過來事關身家性命，不可不慎，只能答應入燕為相。很多時候，勸說別人不需要長篇大論，只要能一語擊中對方的要害，便能輕易說服對方。

═ 智優旃談笑解難題 ═

　　優旃（ㄓㄢ）是秦朝皇宮裡的優伶[104]。他身材矮小，長相滑稽，反應靈敏，言語詼諧幽默，包含了很多道理。秦始皇每有閒暇，必會召來優旃，讓他講笑話給自己聽。

　　一次，秦始皇在宮中設宴，與群臣共飲。酒至半酣，秦始皇召來優旃，為群臣表演節目，群臣被逗得齊聲大笑，有的笑得眼淚都流了出來，大呼道：「真是個活寶！」正當大家興致正濃時，忽然天降大雨，殿外的侍衛們被淋成了落湯雞，一個個冷得渾身直發抖，苦不堪言。

104　優伶：優，俳優；伶，樂工。中國古代以樂舞諧戲為業的藝人的統稱。

第三章　能言善辯篇

　　這時，優旃剛剛表演完一個節目，走出殿外休息的時候，看見侍衛們渾身溼透，十分憐憫他們，便對他們說：「你們想不想休息一下？」侍衛們說：「當然想啊，可是皇帝怎麼能讓我們休息呢？」

　　優旃故意嘆了一口氣說：「這是你們要自找苦吃，可別怪我不幫你們想辦法。」

　　侍衛們互相對視了一眼，齊聲問道：「先生有辦法讓我們休息？」

　　優旃眨了眨眼睛，得意地說：「區區小事，我動一動小拇指就能辦好。」

　　侍衛們一聽，無不歡欣鼓舞，說道：「先生若是有辦法讓我們休息，我們願意湊錢請您喝酒！」

　　優旃微微一笑，說道：「好啊，就這麼說定了。這樣，一會兒我會大聲呼喊你們，你們要很快答應我，不然你們可就休息不了啦！」眾侍衛齊聲答應了。

　　優旃回到殿上，群臣正向秦始皇敬酒，舞拜唱道：「皇帝萬歲！」秦始皇十分高興。優旃便抓住時機，朝殿外大喊道：「侍衛何在！」侍衛齊聲應道：「有！」優旃說：「你們雖然長得高大勇猛，可是半點好處也沒有，還要在外面淋雨。我雖生得矮小，卻承蒙皇上的厚愛，在這裡休息。」秦始皇一聽，也十分可憐侍衛們，便准許他們減半值守，輪流休息。

　　秦始皇與群臣商議，要修建一個方圓幾百里的苑囿[105]，裡面養一些奇珍異獸，供他賞玩射獵。優旃故意讚嘆道：「陛下，這個主意實在是太好啦！多養一些凶猛的野獸，若是有敵人膽敢來犯，就讓那些猛獸將他們撕成碎片！」秦始皇聽了，哈哈大笑，打消了修建苑囿的想法。

　　秦始皇死後，其了胡亥繼位，即秦二世。為了使宮殿更加美觀，秦二世打算用油漆把城牆塗一遍，這需要花費很多錢，動用很多勞工。優旃聽了，拍手即興唱道：「城牆漆得溜光光，敵寇來了不能上；城牆漆得油蕩蕩，敵寇一爬準黏上！」唱罷，他又故作為難地說：「只要是油漆塗過的東西，都要陰乾，防止曝晒，這樣油漆才不會脫落，所以陛下要先建一間裝得下城牆的大屋子。」秦二世一聽，只好取消了這個計畫。

　　等秦朝滅亡後，優旃歸順了漢朝，但沒過幾年就死了。

【智慧悟語】

　　優旃是一位歌舞藝人，身上有著與生俱來的滑稽和幽默。而他正是利用了自己的特長，正話反說，用一句玩笑話讓秦王意識到自己的錯誤並加以改正。由此可見，幽默的力量是強大的，如果再加上正話反說，更能

---

105 苑囿：古代畜養禽獸供帝王玩樂的園林。苑，所以養禽獸囿也。

第三章　能言善辯篇

收到奇效。不當面指出別人的錯誤，而是以反面的話語，加上一點幽默，打破常規的邏輯規律或規則，去勸說別人，往往能輕易達到自己的目的。

═ 赴南越陸賈說叛臣 ═

陸賈是西漢著名的政治家、文學家。陸賈口才極好，善於辯論，常常奉劉邦之命，出使各個諸侯國。

秦朝末年，朝綱敗壞，中原大亂，兵禍不斷。南海郡[106]的郡尉[107]任囂，見天下大亂，也想趁機崛起，獨霸一方，只因疾病纏身，臥床不起，到了臨終之時，將龍川[108]縣令趙佗召來，囑咐他說：「亂世之秋，我們當自保應變，南越[109]地處僻壤，沒有禍亂，這是老天在保佑我們呐。我死之後，你可繼承此位，嚴守邊防，截斷北路，不可輕涉戰亂。」

任囂死後，趙佗接任南海郡尉，他派兵把守邊防，阻斷北面要道，與朝廷對抗，建立了獨立的南越國。

劉邦建立漢朝後，想要征服趙佗，他召集群臣商議道：「天下應該是統一的，可目前趙佗卻稱王南越，這是絕對不允許的。時下天下初定，我不欲再大動兵戈，只要趙佗願

106　南海郡：秦朝至唐朝的行政區劃名，治所在今廣東省廣州市市區。
107　郡尉：官名。秦、漢郡守佐官，掌軍事。秦始置。郡守的佐官，掌全郡軍事。
108　龍川：今廣東龍川縣。
109　南越：今兩廣一帶。

意稱臣，歸附我朝，他可以繼續鎮守南越。」有的大臣進言說：「陛下，趙佗粗俗無禮，妄自尊大，招降他並非易事。陛下可派一位機敏善辯之人前去遊說趙佗，這是上策。」劉邦便將這個任務交給了陸賈。

陸賈帶著朝廷封趙佗為南越王的印璽，日夜兼程，趕往南越。趙佗得知陸賈到了南越之後，表現得十分冷淡，大模大樣地坐在堂上，頭不戴冠，身不束帶，伸開兩腳，直到陸賈進來，他也沒起身迎接。陸賈見趙佗這般裝束，已知他不歡迎自己，也不與他行禮，便朗聲說道：「足下本是中原人，卻偏要違反天性，拋棄戴帽子、繫帶子的習俗，還想憑藉小小的南越之地，與天子抗衡，真是自尋死路！當初，秦朝暴虐無道，群雄並起，唯有漢王率先入關，占據咸陽，滅了暴秦。項羽雖強，但最終被漢王所滅。漢王用了不過五年的時間，就統一了天下，這是天意使然，而並不是都靠人的力量。今足下僭號[110]南越，朝廷將相，都想出兵討伐足下，可是天子憐民勞苦，不忍心發動戰爭。所以，特遣臣來此，封足下為王。如果足下仍然想著與天朝為敵，天子一旦得知此事，盛怒之下，誅滅足下宗族，再派十萬大軍來討伐南越國，足下將如何應對？實際上不用他們攻打，越國人就會殺了您而投降漢朝的。這對於強大的漢朝，簡直是不費吹灰之力啊！」

---

110 僭（ㄐㄧㄢˋ）號：冒用帝王的稱號。

第三章　能言善辯篇

　　趙佗聽到這裡，再也坐不住了，慌忙離座向陸賈道歉說：「我久處蠻夷之地，忘記了中原的禮節，還請勿怪！」陸賈說：「足下知過能改，也算是賢明之人。」趙佗便問道：「我與蕭何、曹參還有韓信相比，誰更賢明？」陸賈隨口說道：「足下更賢明。」趙佗歡顏頓顯，又接著問道：「那我跟皇上比，誰更賢明？」陸賈說：「皇上起兵於沛縣，誅暴秦，除強楚，為天下興利除害，繼承了三皇五帝的功業，統治全天下。全國的人口數以億計，土地萬里，萬物豐盛，這些都是以前沒有過的。可是足下統治的越國，將士不過數萬，又住在蠻荒之地，就像漢朝的一個郡差不多，請足下自己想想，能比得上皇上嗎？」

　　趙佗說：「我當初沒在中原起兵，所以在這裡稱王。假如我生活在中原，難道也比不上漢帝嗎？」陸賈說：「那足下就要搬到中原去住了。」說完，兩人相視大笑。後來，趙佗又把陸賈留在客棧，每天和他喝酒，縱談天下大事，陸賈應對如流，氣氛十分歡洽。

　　陸賈在越國居留了一個多月，趙佗總是對陸賈說：「越國沒有賢才，沒有一個值得我交談的人。直到先生到來，使我聽了很多前所未聞的事情，真是相見恨晚。」同時，趙佗也自願稱臣，歸附漢朝，接受了陸賈帶來的印璽，被封為南越王。趙佗十分感激陸賈，送給他很多財物，價值千金。

　　之後，陸賈便辭歸覆命，告知劉邦趙佗誠心歸附了漢朝，劉邦大悅，任命陸賈為中大夫[111]。

【智慧悟語】

　　趙佗是個驕傲、蠻橫之人，陸賈與他初次見面時，立刻察覺到了這一點，改變了好言規勸之策，義正言辭地曉以大義，說明利害，在氣勢上壓倒了趙佗，因而使他真心歸附漢朝。很多時候，表面越是強勢的人，心中越脆弱，而面對這樣的對手，不能一味避而遠之，而是要主動出擊，一語擊中對方的要害，使其囂張不起來，最後不得不做出一些讓步。

111　中大夫：官名。掌論議，漢以後各代多沿置。

第三章　能言善辯篇

第四章　人情倫理篇

═ 守諾言季札掛寶劍 ══════════════

　　春秋時期，江南有一個美麗富饒的吳國。吳國雖然物產豐富，但與中原其他諸侯國相比，它的生產力比較落後，所以中原其他諸侯國稱吳國為「蠻夷地區」。

　　西元前五八五年，壽夢繼位，開始統治吳國。壽夢膝下有諸樊、餘祭、夷昧、季札四個兒子。這四個兒子當中，四公子季札生得眉清目秀，剛出生就討很多人喜歡，以至於很多母親見了他，都怨恨自己為什麼無法生出這樣漂亮的孩子。等季札稍微長大之後，他又表現出與眾不同的個性。他非常討厭吳國那一套只有強者才能贏得別人尊重的習俗。他與同齡的孩子嬉鬧玩耍時，總是和他們說一定要擁有謙讓容忍的精神。

　　吳王壽夢對季札的行為非常讚賞，常常鼓勵和支持他這麼做。他還打算，在自己百年之後，將王位傳給季札。他把這個決定告訴了自己的三個大兒子，三個大兒子聽後，不僅沒反對，而且紛紛誇讚弟弟季札品德高尚，一定可以治理好吳國的。不論三位哥哥是真心擁護季札，還是在父親面前不敢多言，故作姿態，但壽夢將會義無反顧地讓季札做吳國的君王。

　　季札年及弱冠，壽夢從中原聘請了一位先生，教授他四個兒子學習中原的先進文化。在學習過程中，季札勤學好問，進步很快，才學在三位哥哥之上。很快，那位先生就覺得有些力

不從心，教不了聰明的季札了。便去向吳王請行，臨走前，他語重心長地對季札說：「你們兄弟四人都很優秀，而你是最出色的。但你不要驕傲自滿，老夫建議你去中原走走，歷練自己的同時，學習那裡的文化，這對你會非常有用的。」

在先生的啟發下，季札心中萌生了遊歷中原的願望。沒過多久，壽夢便派季札出使魯國，季札十分高興，因為終於有機會外出遊歷了。季札身為一個國家的使臣，自然會有很多隨從，同時他也帶了出使禮節所需的寶劍。

季札從吳國出發，一路北上，途經徐國。他看到徐國土地肥沃，五穀豐登，百姓生活富足，不由暗自讚嘆道：「徐君向來以賢明善治聞名天下，今日親眼目睹徐國情景，果然不是浪得虛名，我一定要前去拜見他，向他表示我的欽慕之情。」於是，他向徐君投遞了名帖。

徐君也早就聽說過季札的賢名，如今季札親自來訪，自然歡喜萬分，親自將季札迎進宮中，設宴相待。兩人執酒笑談，氣氛十分融洽。忽然，徐君注意到了季札佩戴的寶劍，頓時眼前一亮，一臉豔羨之色，幾次欲言又止。季札是何等的聰明之人，他早已察覺到了徐君表情細微的變化，知道他愛上了自己的寶劍，欲將寶劍贈送給他。但轉念一想，帶著佩劍出使其他國家，是一種基本的禮節，現在即將出使魯國，沒有寶劍怎麼行呢？於是，季札便在心中許諾：等從魯

第四章　人情倫理篇

國回來，一定要把寶劍贈送給徐君。

酒宴已畢，季札便向徐君辭別。徐君一送再送，一直把季札送了十幾里後，兩人才依依惜別。隨後，季札便到了魯國。魯君請季札聽了一場極其隆重的周樂[112]。季札凝神細聽，直到演奏結束，季札才長長地吁了口氣，不住地讚嘆周樂的美妙。接著，季札以自己的理解，分析了禮樂的豐富的內涵，以及周朝興衰的原因，句句切中要害，真理迭出，語驚四座，魯君深為嘆服，對這個來自「蠻夷地區」的貴公子刮目相看，從此禮讓有加，不敢輕慢。

在魯國留居了一年多時間，季札便向魯君辭別回國。在經過徐國的時候，他再次去拜見徐君，卻得知徐君已經去世的噩耗。季札悔恨交加，將寶劍解下，欲送給徐國嗣君[113]，嗣君卻以「先王無命，孤不敢受劍」為由，婉言謝絕。季札的隨從勸諫道：「這是吳國的鎮國之寶，現在既然徐君已經晏駕，您又何必再相贈呢？」季札說：「我上次就有意將劍贈送給徐君，只因有出使任務才作罷，其實，我心裡早已許諾要贈送給他了。現在徐君雖然離開了人世，但我怎麼能違背自己的諾言呢？」季札再三請求徐國嗣君收下寶劍，但徐國嗣君卻再三推卻，不肯接受。季札無奈，只好將寶劍掛在徐君

112　周樂：周天子的音樂。周成王曾把周天子的音樂賜給周公，魯為周公的後代，所以保有這套音樂。

113　嗣君：繼位的國君。

墓前的柳樹上，算是兌現了自己的諾言。

壽夢死後，季札堅決遵照「長幼有序、嫡長繼承」的禮儀制度，堅決不肯繼承王位，而是極力擁護大哥諸樊當了吳國君王。

【智慧悟語】

從「季札掛劍」的故事中，我們可以看到「誠信」二字的深刻含義。只有把友誼建立在互相尊敬、信守諾言的基礎上，這樣才是真正的友誼，也是值得人們去追求的友誼。而那些信誓旦旦，四處鼓吹兄弟義氣之人，是不懂「友誼」的真正含義，這樣的友誼也經受不住時間的考驗。一旦遇到嚴峻的事情，他們考慮的還是自己，更不會恪守信義。所以，這樣的人還是少交往為好。

═ 秦穆公寬容得勇士 ═

秦穆公是春秋五霸之一，他胸懷廣闊，能成人之美，寬以待人，是一代明君。

西元前六四六年，秦國一年沒下過雨，全國開始鬧起了饑荒。秦穆公便向晉國借糧。晉惠公召集群臣商議此事。大臣虢（ㄍㄨㄛˊ）射進言道：「大王，據臣愚見，我們不如

第四章　人情倫理篇

趁著秦國鬧饑荒去攻打它，一定可以大獲全勝。」晉惠公是個貪婪之人，欲侵占秦國土地，便採納了虢射的意見，發兵攻打秦國。

秦穆公得知消息後，任命丕豹為將，親率大軍迎擊晉軍。雙方展開大戰，互有勝負。一次交鋒中，晉惠公拋下大部隊，親率一支兵馬繞到秦軍後方，欲燒毀秦軍的軍用物資。結果，秦軍早有防備，晉惠公只好奔返營地。不料行至途中，所坐的馬車深陷泥中，動彈不得。這時，秦穆公率兵追上，欲生擒晉惠公。晉惠公手下的士兵雖然都是千裡挑一的勇士，能以一當十，但秦穆公人多勢眾，晉軍很快被殺得所剩無幾。正危之時，晉軍的主力殺到，秦穆公不僅沒抓到晉惠公，反而被晉軍團團包圍住了。這時，曾在岐山偷吃秦穆公良馬的三百多個野人，如同天兵降臨一般，飛馬衝入晉軍，衝開了晉軍的包圍圈，不僅救出了秦穆公，而且還活捉了晉惠公。

當初，秦穆公在梁山打獵，丟失了一匹良馬，秦穆公十分著急，派人四處尋找。最後官吏在岐山腳下，發現有三百多個無家可歸的野人正在分吃馬肉。官吏不敢驚動，忙返報秦穆公說：「請您快速調兵前去追捕，一定能全部抓獲。」秦穆公嘆道：「既然馬已經死了，抓住他們又有什麼用呢？」於是，命人取來十幾罎美酒，讓官吏帶到岐山下，宣布君命

說：「君王說『吃了馬肉，不喝酒，會傷身子』，所以君王特遣我來賜給你們酒喝。」三百人磕頭謝恩，分飲其酒。

後來，這三百個人聽說秦國要攻打晉國，便踴躍參戰。在與晉軍的交戰中，他們發現秦穆公身陷包圍，都奮不顧生，爭先戰死，以報秦穆公的恩德。

晉惠公被俘虜到秦國後，秦穆公通告天下說：「人人齋戒獨宿，我將用晉惠公祭祀上天。」周天子聽聞此事後，替晉惠公求情道：「晉主與寡人同姓，看在寡人的薄面上，放他一馬吧。」秦穆公便與晉主簽訂盟約，答應讓他回國，並以諸侯之禮相待。

等晉惠公回國後，按照盟約，將河西[114]一帶的土地割讓給秦國；又派太子子圉到秦國當人質。秦穆公便將同宗的女兒嫁給了子圉，意在與晉國修好。而這時，秦國的勢力已經向東擴張到了黃河一帶。

【智慧悟語】

秦穆公的寬容讓他撿回了一條性命，這就是寬容的回報。在秦穆公看來，馬已經被吃了，沒有辦法挽回了，即便將吃馬的人全部抓獲，又有什麼用呢？不如豁達一些，不去計較被吃的馬肉，再賜以美酒，結果使他

---

114 河西：指今山西、陝西兩省間黃河南段以西地區，約在陝西省的韓城、合陽、人荔一帶。

獲得了三百勇士的忠心。所以，能寬容他人一些過失，他會竭盡所能地去報恩，這就是寬容的魅力。

雞鳴狗盜救孟嘗君

　　孟嘗君姓田，名文，他的父親是靖郭君田嬰。田嬰是齊威王的小兒子，齊宣王的庶出[115]弟弟。孟嘗君雖然是齊國貴族，但他卻沒有一點紈絝子弟的浮躁和狂妄，而是禮賢下士，廣羅人才，凡是有一技之長者，哪怕是雞鳴狗盜之徒，皆在收養之列，此類人叫做門客，也叫食客。據說，孟嘗君門下食客最多的時候，有三千人之多。當時，孟嘗君在諸侯中的聲望頗高。

　　秦昭王聽說孟嘗君的賢名後，希望見見孟嘗君。孟嘗君便帶著門客千餘人，浩浩蕩蕩前往咸陽，謁見秦昭王。秦昭王大喜，親自出迎，握手為歡，敘說平生傾慕之意。孟嘗君有一件白狐裘，毛白如雪，價值連城，絕無僅有，以此為禮，進獻給秦昭王。秦昭王知道這是取幾百隻白狐狸的腋毛，補綴而成，是真正的無價之寶，命人藏在內宮，妥善保管。

115　庶出：在封建宗法制度下，有「三妻四妾」之說，分別為一正妻，二平妻，四姬妾。正妻（亦稱嫡妻）、繼室（正妻早亡，或其他原因未生子女，可另立妻妾為繼室），所生子女為「嫡出」，即正宗之意。非正妻的嬪妃所生的孩子叫庶出。

雞鳴狗盜救孟嘗君

秦昭王打算任命孟嘗君為丞相，有人就向秦昭王進言道：「孟嘗君賢明有德，聞名天下，但他是齊國人，如果他擔任秦國丞相，必會借秦國的實力為齊國謀取利益，這樣一來，秦國就危險了。」秦昭王素以性格多變而著稱，他相信了此人之言，不但囚禁了孟嘗君，而且還打算殺了他。

孟嘗君急於脫身，四處打探得知，秦昭王有個寵愛的妃子，秦昭王對她言聽計從，便託人向她求救。秦昭王的寵妾回覆說：「想要讓我幫忙可以，但我想要得到孟嘗君的白狐裘。」孟嘗君聽後，說道：「我只有一件白狐裘，已經獻給秦王了，再沒有第二件。現在她想要，也沒地方去弄。」於是便問門客，有什麼解決的辦法。眾門客面面相覷，皆束手無策。這時，座末有一位門客起身說道：「臣有辦法得到那件狐裘。」孟嘗君問道：「你有何計策？」門客回答說：「臣擅長偷盜，可為狗盜。」孟嘗君大喜，囑咐一番，令他準備行動。當夜，這位門客從狗洞鑽入內宮，學了幾聲狗叫，內宮官吏以為是守狗，沒有生疑。門客等內宮官吏熟睡後，偷出鑰匙，打開藏櫃，將白狐裘盜走，交給孟嘗君。孟嘗君馬上把它獻給秦昭王的寵妾。寵妾大喜，當夜陪秦昭王小飲，趁機為孟嘗君說好話，勸他放了孟嘗君。秦昭王十分痛快地答應了，當即提筆書寫文書，放孟嘗君歸齊。

孟嘗君重獲自由，不敢逗留，快馬加鞭，星馳而去。到

第四章　人情倫理篇

了函谷關的時候，天還未明，城門緊閉，按照秦國規定，早上雞鳴時才能開城門放人。孟嘗君擔心秦昭王反悔，會派人追趕，十分著急。正當大家期盼天明時，忽然有一位門客捏著嗓子，學著公雞叫了起來。一聲接一聲，於是群雞盡鳴，城上守衛以為天亮，遂打開城門，驗了過關文書，孟嘗君等人順利出了函谷關。秦昭王果然後悔了，派追兵趕到函谷關，但孟嘗君早已走得沒了蹤影。

孟嘗君回到齊國後，被齊湣王任命為相國，掌管朝政。他門下的門客日漸增多。他將門客分為幾等。上等門客吃的是好酒好肉，外出有高頭大馬；下等門客吃的是粗茶淡飯，出入聽其自便，當然也不會有車馬。

一日，有一個老頭，身體壯碩，容貌偉岸，衣著寒酸，自稱姓馮，名諼（ㄒㄩㄢ），齊國人，特來求見孟嘗君。孟嘗君請他入座，問道：「您屈尊前來，不知有何指教？」馮諼說：「沒有什麼指教，我聽聞您喜歡廣招賢才，而我是因為貧窮才來投奔您的。」孟嘗君便收他為門客。過了十天，孟嘗君問管事的說：「馮諼最近在做什麼？」

管事的說：「那個馮諼除了有一把劍以外，其他東西什麼也沒有。他經常彈劍唱道：『長劍啊長劍，我們還是回去吧，吃飯沒有魚呀！』」孟嘗君聽後，便把他安排在中等食客的住處，每頓飯都有魚肉。過了五天，孟嘗君又問管事的

馮諼在做什麼，管事的說：「他彈著自己的劍唱道：『長劍啊
長劍，我們還是回去吧，出門沒有車呀！』」孟嘗君便把他
安排在上等食客的房間裡，外出的時候備車給他。又過了五
天，孟嘗君再去問馮諼的情況，管事的說：「他又彈著長劍唱
道：『長劍啊長劍，我們還是回去吧，沒錢養家呀！』」孟
嘗君仔細詢問後，知道馮諼尚有老母在堂，就派人送去一些
衣食給他母親。此後的一年裡，馮諼再也沒有唱過歌了。

　　孟嘗君養了這麼多門客，日常開銷巨大，單靠他那點俸
祿僅僅是杯水車薪。他便在自己的封地大肆向百姓放高利
貸，牟取暴利，來維持他家中巨大的耗費。一次，孟嘗君派
馮諼去到薛地[116]去收債。到了薛地後，馮諼把凡是欠孟嘗君
錢的百姓都召集起來，然後拿著契據與大家一一核對。百姓
們正為還不起這些債務而發愁時，馮諼便說：「有能力償還債
務者，定一個期限；沒能力償還者，一概免除。」說著，命
左右取來火把，將手中的契據全部燒掉了。

　　百姓們喜不自勝，叩頭歡呼道：「孟嘗君是我們真正的父
母啊！」早有人將此事報告給孟嘗君，孟嘗君大怒，當即令
人召回馮諼，怒斥道：「你把契據都燒了，我手下食客三千多
人吃什麼？」馮諼毫無畏懼地說：「臣今天雖然燒了契據，但
明天薛地的百姓就會對您心懷感恩，宣揚您的名聲，臣這是

116　薛地：今山東滕縣東南。

為您積德啊！」聽馮諼這麼一說，孟嘗君怒氣頓消，擺宴款待馮諼。

　　後來，孟嘗君的聲望越來越高。秦昭王聽說後，擔心齊國在孟嘗君的治理下，會強大起來，不利於秦國，便暗中派人到齊國散布謠言，說孟嘗君積極收買人心，圖謀不軌，欲篡國自立。齊王聽信謠言，也認為孟嘗君的風頭蓋過了自己，便撤去他的官職，收回他的相印。樹倒猢猻散，孟嘗君手下的門客見孟嘗君失勢，紛紛離去，只有馮諼跟著他，返回封邑薛地。

　　薛地的百姓聽說後，打掃街道，扶老攜幼，來到郊外迎接孟嘗君。孟嘗君感慨地對馮諼說：「你以前為我積的德，我今天才明白了。」

【智慧悟語】

　　孟嘗君食養門客，不以貌取人、一視同仁，對他們寬宏大度，因此，門客對他頗為尊敬和感激，願意為他效力。正是在這些雞鳴狗盜之徒、出身寒微之士的鼎力相助下，孟嘗君屢次化險為夷，順利度過難關。由此可見，孟嘗君平時不分高低貴賤、平等對人的用人之策在這裡大見功效。所以，在實際生活中，不要以身分高低的標準，決定與別人深交與否的程度。也只有在平等交

往的基礎上，才有可能贏得別人的尊重，最後才能相互
幫助、相互成全。

程嬰救孤慷慨赴義

　　春秋时期，晉國君王晉靈公在位期間，荒淫殘暴，厚斂
於民，大興土木，恣意享樂。大臣趙盾忠心耿耿，一心為
國，屢次進諫，勸說晉靈公近賢遠佞，修政愛民，晉靈公不
但不聽，反而聽信寵臣屠岸賈之言，欲害趙盾，趙盾被迫逃
亡。後來，趙盾的堂弟趙穿發動政變，殺了晉靈公，趙盾得
以回國，擁立晉靈公之叔黑臀繼位，即晉成公。到了晉景公
的時候，趙盾去世後，他的兒子趙朔繼承了他的爵位。

　　晉景公三年（西元前五九七年），屠岸賈當上了司
寇[117]，開始報復當年殺晉靈公的人，決定先拿趙朔開刀。他
召集群臣，商議此事，大臣韓厥堅決反對道：「當年趙穿弒
君，趙盾流亡外地，沒有參與此事，因此不應該殺趙盾的後
人。」屠岸賈卻說：「趙盾雖未參與殺害晉靈公的行動，但他
卻是主謀。身為臣子殺害了國君，其子孫卻仍在朝中為官，
這是什麼道理？如果不誅殺他們，又如何警示後人呢？」韓
厥見勸說無效，趕忙暗中通知趙朔，讓他趕緊逃跑。

117　司寇：西周始置，位次三公，與六卿相當，與司馬、司空、司士、司徒並稱五官，
　　掌管刑獄、糾察等事。

第四章　人情倫理篇

趙朔說：「我一旦逃跑，必會背上叛國的惡名；況且我的妻子已身懷六甲，已近臨盆，倘若生女就不必說了，倘若生男，則是老天有眼，可延續我趙氏香火。我僅此一點骨血，希望能託付給您，我即便死了也無憾了！」韓厥泣淚道：「我受恩於尊父，才有今日的地位，只恨自己力薄無能，無法取賊之首。您所託付之事，我怎敢不拚死效勞？但賊臣蓄謀已久，若是突然發難，必然是玉石俱焚，我心有餘力而不足，何不將公主潛送至皇宮，諒那賊臣也不敢在宮中作亂。等公子長大成人，就一定會有復仇之日。」趙朔拱手道：「您此計周詳，一定可以讓公主脫此大難。」

趙朔之妻莊姬是晉成公的姐姐，趙朔將韓厥送走後，馬上對莊姬說：「你若是產下男嬰，就取名為趙武，待日後為我報仇！」然後，召來門客程嬰密囑一番，讓他護送莊姬入宮避難。

待天色微明時，屠岸賈親率一隊甲兵，闖入趙朔府中，將趙朔全家老幼男女三百餘口，全部斬殺。殺得血流廳階，屍橫廳堂。屠岸賈殺氣正盛，欲斬草除根，檢點人數，唯獨不見趙姬。屠岸賈說：「一個公主倒不足為慮，但聽說她已有身孕，萬一生男，必然是禍根，絕不能放過。」這時有人上前稟報說：「夜半有車入宮。」屠岸賈斷言道：「入宮者必是莊姬無疑。」當即入宮進諫道：「趙氏一族，已全部誅除。現

在唯有公主脫逃，在宮中躲避，望大王慎裁！」晉景公斷然喝道：「不行，莊姬乃王室貴胄，怎能隨意殺害呢？」

屠岸賈又奏道：「公主已有身孕，將要臨盆，一旦生男，必是禍患，待日後長大，肯定會報仇，難道您忘了晉景公之事了嗎？前車之鑑，不可不慮，請大王三思！」晉景公沉吟良久，徐徐說道：「生女就放她一條生路，生男則除掉！」屠岸賈心懷歹意，暗中派人入宮，探聽莊姬何時生產，經常通報消息。

數日後，莊姬分娩，生下一男，遵循趙盾遺言，取名為趙武。屠岸賈收到消息後，當即帶人入宮搜查。莊姬情急之下，將嬰兒藏在褲子裡，心中禱告道：「若是趙氏宗族注定要滅絕，兒當大哭；如果不會滅絕，兒則不哭。」屠岸賈命人將莊姬帶出，褲中男嬰竟無一聲啼哭，遍搜寢宮，一無所獲，屠岸賈以為男嬰已送出宮，便馬上貼出告示，千金懸賞趙氏孤兒。

趙盾手下有兩個門客，一個是公孫杵（ㄔㄨˇ）臼，一個是程嬰，這兩人都受過趙盾的大恩。等脫險之後，程嬰對公孫杵臼說：「屠岸賈老賊，今日未得手，日後一定會再來搜查，該如何應對？」公孫杵臼沉思良久，問程嬰道：「扶立遺孤與捨命報恩，兩者哪個更難？」程嬰說：「死很容易，扶立遺孤難啊。」公孫杵臼說：「我做那件容易的事情，你做那

第四章　人情倫理篇

件難事，如何？」於是，兩人祕議一番，先設法得他人的男嬰，用綾羅綢緞包裹，詐稱趙氏孤兒，由公孫杵臼抱往深山之中，由程嬰出面，說出孤兒藏身之所，屠岸賈得到假孤，真孤則可逃此大難。兩人議罷，互相囑咐一番，灑淚而別。

程嬰當即找到屠岸賈說：「我知道趙氏孤兒藏身之處，你只要給我千金，我就告訴你。」屠岸賈大喜，當即答應。當下，屠岸賈親率軍隊，在程嬰的帶領下，順利抓獲公孫杵臼和假冒的趙氏孤兒。公孫杵臼大罵道：「程嬰，你真乃無恥小人！當初我們立下誓言，共同撫養主公之孤，現在你卻貪千金之賞，竟棄信義於不顧，你有何顏面苟活於世？」程嬰滿面羞愧，不敢正視公孫杵臼，轉臉對屠岸賈說：「為何不殺了他？」屠岸賈命人將公孫杵臼就地斬首，親自取出趙孤，猛然摔在地上，只聽一聲悶哭，便成為肉餅。

屠岸賈殺死公孫杵臼，摔死趙孤後，頓覺暢快無比。回府後，屠岸賈按照諾言取來千金，要賞賜程嬰，程嬰卻不受而去。在韓厥的幫助下，程嬰順利接到趙武，帶著他遠走他鄉，潛藏於盂山[118]，盂山因此而得名，後人又稱此山為藏山。

十五年後，晉景公突然病臥在床，命人卜卦，卦辭上說有個家族被人斷絕香火，這是他家的神靈在作怪。晉景公愕

118　盂山：座落於太行山西麓、山西省盂縣城北十八公里處長池鎮藏山村東。

然道：「難不成是趙氏祖先欲報斷子絕孫之仇，害寡人生病不成？」便召來韓厥詢問。韓厥知道趙武還活在人世，便說：「趙氏一族世世代代建功無數，從未斷絕過香火。而君王您卻誅滅了趙氏全族，晉國百姓無不為之感到悲哀，希望您能反思此事。」晉景公又問韓厥道：「趙家還有後人嗎？」韓厥便把程嬰營救趙氏孤兒的整個過程告訴了晉景公。晉景公聽後，深感愧疚，準備讓趙武繼承趙氏的爵位，暗中召回程嬰、趙孤，讓他們藏在宮中。

次日，韓厥帶領百官入宮問安，晉景公便舊事重提，說趙氏家族曾立功於國家，不應該斷絕其宗嗣。百官齊聲說道：「趙氏被滅族之事，已過去十五年了，如今您欲追念其功，只可惜趙氏一族已無後人，無法得到蔭庇。」晉景公便讓趙武出來與百官相見，百官皆驚愕不已。晉景公趁機提出讓趙武繼承趙氏爵位，百官迫於壓力，只好同意，並說：「當初那場事變，皆是屠岸賈所為。屠岸賈假傳君命，脅迫群臣，不然誰敢作亂？現在您有意扶立趙孤，正是賢明之舉，也正是群臣之願。」隨後，晉景公命程嬰、趙武率領軍隊，圍攻屠岸賈府邸，滅其全族。

到了趙武行成人加冠[119]禮後，程嬰對趙武說：「當初趙家被滅門的時候，與趙家有牽連的人幾乎無一倖免。別人可以

---

119 加冠：古代男子二十歲行加冠禮，表示成年。

第四章　人情倫理篇

死，我並非不能死，而是趙孤還未長大。如今，趙孤已是成人了，繼承了趙家原來的爵位，我便能放心到地下，將這個好消息告訴你的父親和公孫杵臼。」

趙武號啕大哭，再三請求道：「您是我的再生父母，對我恩重如山，我寧願吃苦受罪報答您。難道您真的忍心離我而去嗎？」程嬰斷然道：「不行。公孫杵臼以為我能成事，所以他先我而死，如今，我不去覆命，他以為我沒有成功。」說罷拔劍刎頸而死。

趙武厚葬了程嬰，為其守孝三年，每年春天和秋天都要祭祀程嬰。

【智慧悟語】

「趙氏孤兒」這個悲壯且感人的故事一直流傳至今，成為人們行俠仗義，崇尚道德的典範。春秋戰國時期，友情備受人們的推崇和謳歌。屈原寫道「悲莫悲兮生別離，樂莫樂兮新相知」，他將朋友的別離看作最大的悲傷，把朋友的相知視作最美好的事情。經過友誼淨化的人才是至高無上的，因為它已經完全超越了生與死，摒棄了自私和冷漠，呈現出人性最真誠的一面，不被世俗所汙染。程嬰救孤的故事就是一種情義的展現，足以光耀千古，讓後人仿效。

═ 念舊情蕭何受厚封 ══════════

蕭何是西漢開國功臣之一,與張良、韓信並稱為「漢初三傑」。蕭何是沛縣[120]豐邑[121]人,他精通律法,是沛縣縣令手下的官吏。

漢高祖劉邦還是普通布衣時,每次得罪人時,蕭何必會從中轉圜,助他度過難關。後來,劉邦透過努力,當上了泗水亭亭長,蕭何依然會經常幫助他。劉邦曾奉縣令之命,西赴咸陽服役,縣吏們都資助他三百錢充路費,唯獨蕭何送他五百錢。

秦朝御史到泗水郡督察工作的時候,蕭何幫著劉邦,將大小事務,料理得井井有條。因此,蕭何被任命為泗水郡卒史。以後每年的公務考核中,蕭何總是名列第一。御史愛其才華,打算將他調入咸陽,委以重任,但蕭何卻婉言謝絕了。

等劉邦在沛縣起兵,與秦朝分庭抗禮時,蕭何擔任他的助手,處理各種公務。等劉邦的軍隊攻下咸陽後,將士們爭搶奔入府庫,瓜分那裡的財寶,唯獨蕭何首先進入秦朝宮廷,收集了一些重要的法令、地圖、戶籍檔案等,分門別類,登記造冊,然後命人妥善保管。後來,劉邦做了漢王,

---

120 沛縣:位於江蘇省徐州市西北部。
121 豐邑:今江蘇豐縣。

第四章 人情倫理篇

任命蕭何為丞相。因為當時蕭何明智地保留了秦朝的文獻檔案，所以劉邦對全國的交通要道、戶籍人口、各路諸侯的強弱、百姓的疾苦等重要資訊，瞭若指掌。蕭何還把韓信推薦給劉邦，劉邦拜他為大將，韓信在以後的楚漢爭霸中，發揮了決定性的作用。

劉邦平定三秦[122]地區後，蕭何留守巴蜀[123]地區，安撫民心，發展經濟，為劉邦的軍隊補充兵員，供應糧草。蕭何治理巴蜀期間，政治清明，百姓富足，深得人心。劉邦聯合各路諸侯，與項羽作戰時，蕭何坐鎮關中。每次制定律令、規章，修建廟宇、築造宮殿的時候，都要事先稟報劉邦，征得劉邦的同意後，才開始做。假如來不及稟報劉邦，他會酌情處理，然後再匯報給劉邦。在與項羽的征戰中，劉邦好幾次兵敗逃跑，每當此時，蕭何都能及時訓練關中將士，補充到劉邦的軍隊中。因此，劉邦把蕭何看作是自己的左膀右臂，十分倚重他。

漢王與項羽對峙於京縣[124]、索城[125]期間，劉邦擔心蕭何權力過大，會在後方做出不利於自己的事情，便多次遣使，

---

122 三秦：秦朝滅亡後，項羽將陝西的關中和陝北一分為三，分別封給原秦朝的三位降將：章邯為雍王、董翳為翟王、司馬欣為塞王。這就是「三秦」的由來。劉邦統一中原建立漢朝後，關中被分為三個郡：京兆、左馮（ㄆㄧㄥˊ）翊、右扶風。現將陝西的陝南、陝北、關中並稱「三秦」。

123 巴蜀：先秦時期地區名和地方政權名，在今重慶和四川境內。

124 京縣：今河南滎陽市東南十公里處。

125 索城：在今河南滎陽市東南五公里的喬樓鎮東郭村南，索河東岸。

前往關中慰勞蕭何，蕭何感激涕零。有個叫鮑生的人，知道這個情況後，便對蕭何說：「漢王在前線打仗，艱苦異常，可他還是多次派遣使者來慰勞您，這恐怕是他懷疑您對他的忠心，您可以派遣您的兄弟到前線為漢王效命，漢王就會打消疑慮，更加信任您。」聽了鮑生的一番話，蕭何這才明白劉邦屢次派使慰勞自己的真正目的，便採納了他的計策，讓同族的十幾位兄弟去前線，跟著劉邦打仗。劉邦果然很高興，從此更加信任蕭何了。

後來，劉邦滅掉項羽，一統中原，功業大成，開始論功行賞。大臣們紛紛爭功邀賞。劉邦認為蕭何在群臣中功勞最大，於是封他為鄫侯。其他功臣對此大為不服，紛紛進奏道：「我們身經百戰，攻城掠地，親歷險境，立下戰功。而蕭何充其量不過是個刀筆吏，只會舞文弄墨，毫無寸土之功，為什麼他的封賞在我們之上？」劉邦便問他們是否懂得打獵，得到他們肯定的回覆後，劉邦說：「打獵的時候，獵狗只負責追咬野獸，而尋覓野獸的則是獵人。再說你們只是一個人追隨我，一家有兩三個人追隨我就是算多的了，而蕭何讓自己十幾個兄弟追隨我打天下，封賞在你們之上也是理所應當的。」大臣們頓時啞口無言，不敢再說什麼了。

劉邦將功勳卓著的大臣全部封為列侯，等到評定這些列侯位次排列的時候，大臣們紛紛

第四章　人情倫理篇

　　向劉邦進言道：「平陽侯曹參，當初攻城掠地，作戰勇猛，身負七十多處傷，戰功赫赫，他應該位列第一位。」上次劉邦不顧大臣的反對，重重封賞了蕭何，這次劉邦準備把蕭何排在第一，但還沒想好措辭，不知該如何反駁眾大臣。這時關內侯鄂千秋說道：「臣認為諸位大臣的提議是不正確的。曹參雖有攻城掠地之功，但為時短暫。想當初，陛下在與項羽征戰的五年中，多次戰敗，每次形勢都十分危急，而每次都是蕭何及時為您補充兵源，徵調糧食，免去您的後顧之憂。這些事情，恐怕是一百個曹參也難以做到。所以，微臣認為，蕭何應該排在第一，曹參排在第二。」劉邦大喜，採納了他的建議，確定將蕭何排在第一，還特別准許他可以穿鞋、配劍上殿。劉邦認為舉薦賢才之人也應該受到封賞，於是加封鄂千秋為安平侯。

　　當天，劉邦又追封蕭何食邑兩千戶，這是因為劉邦當年去咸陽服役的時候，蕭何比別人多送給劉邦兩百錢路費的緣故。

【智慧悟語】

　　蕭何是劉邦手下重要的謀臣之一，他為西漢王朝的建立和政權的鞏固做出了不可磨滅的貢獻。蕭何一生忠誠謹慎，不居功自傲，在遭到劉邦的猜忌後，他自汙以

求免於災禍。俗話說：「伴君如伴虎」，儘管劉邦的猜忌心很重，但在看到蕭何種種忠誠的表現後，大放其心，對蕭何更加信任。同時，劉邦還是一個知恩圖報的人，只因當年留蕭何比別人多送他兩百錢的路費，就多封他兩千食邑。由此可見，一個人的誠心是可以抵消任何猜忌和懷疑的，這種交友之道是適合所有人的。

鄭莊好客名滿天下

鄭當時，字莊，陳縣[126]人。鄭莊的父親鄭君曾為項羽效命。後來楚漢逐鹿，劉項爭雄。劉邦任用賢能，入關約法，廢除秦法，盡得民心，先亡秦朝，後滅項羽，五年大成，建立漢朝，是為漢高祖。

項羽這棵大樹一倒，手下猢猻四散，紛紛投靠漢朝。鄭君一心欽慕項羽，心中雖然不願意做這等苟且偷生之事，奈何天下大勢使然，他只好也投到劉邦手下。劉邦因為十分痛恨項羽，所以命項羽的舊部，日後提及項羽時，務必要直呼其名。鄭君投漢，已經覺得對不起先主了，現在要他直呼先主的名諱，他如何肯從？劉邦得知後，暴跳如雷，將那些肯直呼項羽名諱的人，加官進爵，逐走了鄭君。鄭君死於孝文帝時。

126　陳縣：古縣名。春秋陳國，秦置縣。治所在今河南淮陽。

第四章　人情倫理篇

鄭莊秉承父志，為人豪爽，每遇世間不平之事，必然挺身相助，因此聲名鵲起，天下英雄豪傑無不仰慕。漢景帝時，鄭莊做了太子舍人 [127]。每次忙完公事後，鄭莊便會騎著馬，看望各位老友。他家經常是高朋滿座，飲酒傾談，通宵達旦，即便如此，他還是擔心疏漏了哪位朋友。鄭莊崇尚道家學說，欽慕長者，那種恭敬謙和的神情，好似一個蒙童，渴望得到別人的指點和教誨。雖然他的年紀輕，官職又小，但他的平時所接觸的人都是年長他很多歲的人，而且都是聞名天下的人物。漢武帝劉徹繼位後，鄭莊升任為右內史 [128]。

鄭莊經常告誡家人說：「以後有來訪者，不論尊貴或低賤，都要及時請入廳堂，看茶倒水，以禮待之，不得讓人滯留在門外等候。」他恪守主人待客之禮，不論來者何人，他總會屈尊相陪。鄭莊為官廉潔奉公，從不以權謀私，更不會壓榨百姓，僅靠俸祿和賞賜供奉各位年長的友人，而所送之物，不過是一些普通的食物罷了。每次上朝，偶有向皇上進言之機，他必會大加稱頌天下有德望之人。他雖舉薦過不少人入朝為官，但他從不提及對他們的提攜之恩，反而常常說他們比自己賢能。他從來不直呼官吏的名諱，在和下屬交談時，謙和得好像生怕傷害了對方。每當聽到別人有高見，而

127　太子舍人：東宮屬官。亦簡稱太子中舍、中舍人、中舍。掌東宮文翰，侍從規諫太子，糾正違闕，儐相威儀。
128　右內史：古代官名。掌治理京師。漢景帝分置左右內史。

他也覺得十分有道理，便會馬上入宮稟報皇上，唯恐錯過一些機會。因此，天下士人和德高望重的長者，都誇讚鄭莊的美德。

鄭莊晚年時，漢武帝屢次發兵征討匈奴，耗費財物數以萬計，導致國庫空虛。鄭莊曾舉薦過的官員，負責為前線運送了糧草輜重，因辦事不周，虧欠朝廷款項甚多。淮陽郡太守[129]司馬安得知後，馬上上疏檢舉此事，皇上因此遷怒於鄭莊，鄭莊被免去官職，淪為平民。沒過多久，皇上念及鄭莊的賢明，欲重新起用他，但又顧忌到他年事已高，不堪重任，便任命他為汝南郡[130]太守。但是，沒過幾年，鄭莊便卒於任上。

鄭莊自從步入仕途，也曾做過大官，門下賓客如雲，但等後來他被罷官，失去了權勢，賓客便逐漸散去。他擔任郡守期間，貧困交加，死後家無餘資。

【智慧悟語】

鄭莊為官一生中，幾經沉浮，家中的賓客也隨著他復官亦或被罷官，高朋滿座或門可羅雀。鄭莊雖屢次經歷這種人走茶涼的境遇，但他卻毫不在意，依然好客如

129 太守：原為戰國時代郡守的尊稱。西漢景帝時，郡守改稱為太守，為一郡最高行政長官。
130 汝南郡：今河南汝南縣。

故，不排斥任何人，以至於他死後，家中沒有一點積蓄。鄭莊的淡然處世的態度確實令人敬佩，而他能容納萬物的胸襟，更值得我們學習。

═ 漢文帝駕崩顯簡樸 ═

　　漢文帝在位期間，有一年，天空中發生了兩次日食[131]的現象。漢文帝感慨道：「我聽說如果君王不賢明通達，缺乏仁義，施政不公，上天則會顯出不祥之兆，警告他治國不當。如今，一連兩次出現這種現象，一定是上天覺得我失德於民，沒能治理好國家，我真愧對先主。請你們替我想一想，我有哪些過失，一定要坦誠地告訴我，好讓我改正。」

　　有一年，天下大旱，田地龜裂，再加上蝗蟲成災，顆粒無收，荒野上時有餓殍橫陳，街巷中乞丐成群。漢文帝十分同情百姓，下令各路諸侯停止向朝廷進貢；開放一些山林湖泊，准許百姓進山砍柴打獵，下河捕魚；撤去一些閒散官員，節省食物和衣服，並大開糧倉，賑濟百姓。

　　漢文帝一生節儉，在位二十三年中，宮殿、服飾、車駕等一點也沒有增加。他曾想建造一座露臺，方便自己登高遊玩，但等工匠做出需要黃金百斤的預算後，漢文帝連連搖頭

131　日食：日面被月面遮掩而變暗甚至完全消失的現象。

說：「一百斤黃金，相當於十戶中等百姓的全部家產，我建造露臺又有什麼用呢？」

漢文帝穿著樸素，總是穿著粗布衣服，就連他十分寵愛的妃子，也不允許她穿拖到地面的衣服，帷帳上也不准繡彩色圖案。漢文帝希望自己為天下做出榜樣，提倡臣民都能節儉。漢文帝繼位後，按照傳下來的規矩，應該為自己修建陵墓，為了避免勞民傷財，他下令不准為自己修建高大的陵墓。他還告誡督建官員，不准用黃金、白銀、銅等裝飾陵墓。南越王尉佗心懷不軌，欲稱帝自立。漢文帝得知後，勃然大怒，欲發兵征討，但他又考慮到，一旦開戰，受苦的依然是百姓。因此，漢文帝非但沒有發兵，而是找來尉佗的兄弟，好言撫慰，善待他們。尉佗得知後，十分感動，打消了自立為帝的念頭，主動臣服朝廷。朝中大臣有暗中收受賄賂者，有人密告漢文帝。漢文帝不僅沒有懲罰他，反而賞給他重金，讓他自慚形穢，真心悔過。漢文帝一心用仁義治理國家，教化臣民，所以他的國家禮義興盛，百姓生活富足，所有人都沐浴著他的恩澤。

漢文帝後元七年（西元前一五七年），漢文帝在未央宮晏駕歸西。他在遺詔裡寫道：

天下萬物，有生就有死，這是自然界的規律，沒有什麼值得傷心的。當今世人，喜歡活著，畏懼死亡，而死了之

第四章　人情倫理篇

後，寧可散盡家財，也要風光大葬。我認為這一點是愚蠢的。我生前沒能造福於百姓，如今我死了，反而讓百姓為我守喪而耽誤生產，讓他們為我傷心，因而無法很好地生活，這就加重了我的過失，這也不是我所希望的。我當皇帝二十多年了，其實別人認為的九五之尊，卻也和普通人一樣，都是肉體凡胎，有七情六欲，也有疾病痛苦。值得慶幸的是，在神靈和眾位大臣、諸侯的輔佐下，國家安定，百姓幸福。我並不聰明，經常擔心自己的過錯會辱沒先主的名聲，更擔心自己的能力不足，沒能守好先主留下來的大好基業。

如今我享盡天年，死後還能被供奉在帝王廟中，這是一件多麼令人欣慰的事啊，還能有什麼事情值得我悲哀的呢？現在我傳下命令，大臣們必須用三天時間為我辦喪事，其他規定全部廢除。不要禁止民間娶妻嫁女，不要組織百姓舉行各種悼念活動；不要讓人們赤腳來參加我的葬禮；不要儀仗隊，不要讓群臣和後宮嬪妃來宮殿哭喪；喪事七天後，全部脫掉喪服。

最後，將這道詔令布告天下，讓天下百姓都明白我的心意。霸陵 [132] 周圍的山水，維持原貌，後宮中夫人以下的宮女，願意留下者，就留在宮中，不願意留下的，就遣送回家。

132　霸陵：漢文帝的陵寢。位於西安東郊白鹿原東北角，即今霸橋區席王街辦毛西村西，當地人稱為「鳳凰嘴」。

【智慧悟語】

　　一個心中裝著別人、時刻為別人著想的人，自然會得到豐厚的回報。漢文帝就是一個將百姓裝在心中的仁德之君，他愛民如子，廣施仁政，所以得到百姓和臣子的擁護和愛戴，也是理所應當的事情。同理，我們若是也能時刻想著和幫助別人，自然也會得到別人的喜歡和讚賞，想要做成功一件事情，也會比較容易。

第四章　人情倫理篇

第五章　奇謀異略篇

＝ 姜尚釣魚願者上鉤 ════════════

　　姜尚，字子牙，號飛熊，也稱呂尚。他的祖先在堯、舜時代，在朝中做過大官，後來因幫助禹治水有功，被舜封在呂地[133]，所以，全族人便以封地名為姓。到了姜尚這一代，呂姓家族的勢力衰敗，淪為平民。

　　姜尚生活雖然有些窘迫，但他心懷大志，經常鑽研一些治國安邦的道理，希望有朝一日能大展宏圖，報效國家。然而，一個人想要達成理想談何容易？姜尚活了大半輩子，一直懷才不遇，在窮困潦倒中苦苦掙扎。為了維持生計，他四處奔走，曾沽酒賣肉，做過很多職業，歲月蹉跎，轉眼間姜尚已經七十歲了，白髮蒼蒼，但依然一事無成。

　　當時的紂王，殘暴不仁，殘酷地榨取民脂民膏，百姓們都恨透了他。這時，周國君王西伯姬昌，勤於政事，廣施仁政，積極發展生產，國家慢慢地強大了起來，百姓們開始傾心於周朝的統治。

　　姜尚聽說周西伯賢明有德，正在廣納賢士，便來到周國，但由於無人引薦，他無法見到周西伯。後來，他聽說周西伯經常到渭水[134]北岸打獵，覺得這是個機會，便天天在渭

133　呂地：今河南南陽。
134　渭水：即渭河，是黃河的最大支流。發源於今甘肅省定西市渭源縣鳥鼠山，主要流經今陝西省關中平原的寶雞、咸陽、西安、渭南等地，至渭南市潼關縣匯入黃河。

水邊釣魚，希望有一天能見到周西伯。

　　一天，周西伯又想外出打獵，臨行前，他占卜了一卦，卦辭上說：「此番出獵所捕獲的獵物不是龍不是貘[135]，不是虎不是熊，而是能輔佐你成就霸業的賢才。」求賢若渴的周西伯看了之後，喜不自勝，當即騎馬出獵。不知不覺中，就來到了渭水邊。忽然，周西伯看見渭水邊有一位老者正在垂釣，鶴髮童顏，頗有仙風道骨之氣。再看他所用的魚鉤，卻是沒有魚餌的直鉤，驚異異常，認定此人不是常人，便上前與他攀談。姜尚便借此機會向周西伯講述了自己的身世和經歷，兩人越聊越投機，大有相見恨晚之意。

　　周西伯見姜尚博古通今，通曉國事，便向他請教治國之道。姜尚說：「若想成就一番事業，一定要找到賢才來輔佐你。」周西伯聽後，高興地說：「我的祖先曾說過『當有聖人適周，周以興』。原來您就是我日夜期盼的聖人啊！」於是，周西伯立刻將他請回家中，禮聘他為軍師，並尊稱他為「太公望」。

　　這下，懷才不遇的姜尚終於有了展示才華的地方。後來，在他的輔佐下，周西伯之子武王推翻了殘暴的商紂王朝，奪取了天下。

---

135 貘（ㄇㄜˋ）：哺乳動物，體型類似犀。鼻長能自由伸縮，無角，生活在熱帶。

第五章　奇謀異略篇

　　姜尚博學多才，胸懷大志，但命運不濟，一直沒能找到施展才華的機會。為了找一位賢明的君主，姜尚在渭水邊，用直鉤釣魚，目的就是為了吸引起周文王的注意。這是典型的自我推薦策略。同時，姜尚也想借此試探一下周文王是否像人們口中說得那樣賢明。古語云：「良禽擇木而棲，良臣擇主而事。」姜尚在貧困落寞時，仍能堅持投奔明主的原則，否則，他寧可知難而退，大隱於市，留清名於世，也不失為一種大智慧。

═ 晉獻公假途滅虢國 ═

　　春秋初期，晉國君主晉獻公勵精圖治，訓練兵馬，欲開拓疆土。當時，晉國南邊有虞[136]、虢[137]二國，這兩個國家的祖先同姓，所以關係十分好。然而，虢國君主，驕而好兵，不時帶兵南侵晉國，邊境告急，晉獻公有心滅掉虢國，便徵求大夫荀息的意見。

　　荀息思慮一番，說道：「虞、虢二國同姓比鄰，關係和睦，互為唇齒。若是討伐虢國，虞國必會來救；若是先征討

136　虞：今天山西省平陸縣東北。
137　虢：今天山西省平陸縣東南。

虞國，虢國也會前來相救，那時，晉國是以一敵二，不易取勝。」晉獻公問道：「難道真的拿虢國沒辦法了嗎？」荀息說：「辦法是有，但君王您需要耐心。」晉獻公忙問道：「那你有何妙計？」

荀息說：「臣聽聞虢國君主喜好女色，大王何不從國中遴選一批美女，授以歌舞技藝，送給虢國君主，虢國君主必會欣然接受，便會沉溺於聲色，懈怠政務，排斥忠良，不恤民情，我們便可趁機滅了虢國。」晉獻公便依荀息之計，將一批美女和珠寶送給虢國君主，虢國君主大喜，全部接受。從此，夜夜笙歌，沉迷於酒色，漸漸不再理朝。荀息見時機成熟，便對晉獻公說：「現在可以討伐虢國了。不過臣還有一計，可先滅虢國，再圖虞國。」

晉獻公大喜，問道：「愛卿有何妙計？」荀息說：「臣聽聞虞國國君平生最愛美器和良馬，大王可以投其所好，將您最喜歡的美玉和良馬送給虞國國君，向虞國借道伐虢。」晉獻公說：「這兩樣東西是寡人的至寶，怎麼能忍心送給別人呢？」荀息說：「請大王放心，如果能向虞國借進兵之道，虢國失去虞的救護而必亡，然後我們再轉兵滅了虞國，便能復得美玉和良馬。」

晉獻公點頭稱善，但他又擔心地說：「聽說虞國有大臣宮之奇，此人賢明通達，一定會極力勸阻虞國國君，不讓他

借給我們道路。」荀息說：「宮之奇雖是忠臣，但他為人膽小怯懦，如果虞國國君不聽他的勸諫，他也就不敢再堅持。而且，宮之奇與虞國國君，從小在宮中一塊長大，關係十分親暱，虞國國君不是很敬重宮之奇。所以，即便是宮之奇勸阻，貪婪而愚蠢的虞國國君也不會聽從的。」晉獻公欣然同意，將美玉和良馬交付於荀息，讓他出使虞國借道。

虞國國君聽聞晉國派使借道伐虢，惱怒萬分。但是等見了美玉和良馬，馬上轉怒為喜，手持美玉，目視良馬，喜愛之情溢於言表，遂問荀息道：「此二物乃晉國至寶，舉世無雙，天下罕見，為何要送給寡人？」荀息說：「虢國屢犯我境，邊地百姓苦不堪言，所以想向貴國借道討伐虢國。如果我們僥倖打敗虢國，所獲之物，都送給您。」

虞國國君大喜，正欲答應借道，宮之奇忙上前勸阻道：「大王，萬萬不能將道路借給晉國。古語云：『唇亡齒寒』，晉主野心勃勃，乃虎狼之輩，常常吞併同姓之國，但唯獨不敢攻打我國和虢國，這是因為有唇齒之助。如果借道給晉國，晉國必會先滅虢國，再滅虞國。」虞國國君把玩著美玉，不屑地對宮之奇說：「晉主為了與虞國交好，將國中至寶送給寡人，足見其誠心，難道寡人不應該表達自己的心意，將道路借給他們嗎？」宮之奇見虞國國君不聽從自己的忠言，知道大禍將要降臨虞國，於是當夜收拾金銀細軟，攜帶

家眷，離開了虞國。

就在這年冬天，晉獻公派兵借道伐虢。虢國抵擋不住，很快就被晉軍占領了都城，虢國君主也逃往周朝的都城。當晉軍從虢國返回晉國，途徑虞國時，發動突然襲擊，毫無防備的虞國被晉國滅掉，虞國國君以及手下的大臣都做了晉國的俘虜。剛好，晉獻公正要嫁女，便將虞國國君，以及他的大夫井伯、百里奚作為女兒的陪嫁人，送給了秦穆公。

苟息在虞國找到了美玉和良馬，獻給晉獻公。晉獻公大悅，不住誇讚苟息計謀的高明，而後又笑著說：「馬還是我的那匹馬，只可惜變老了！」

【智慧悟語】

古語云：「善戰者，見利不失，遇時不疑。」在有絕對把握的情況下，絕不會因小失大，小勝的機會就不應該放過。晉獻公用自己最喜歡的美玉和良馬為代價，借道滅了虢國，又順手牽羊滅了虞國，可謂是一石二鳥之計。晉獻公之所以能輕易得手，在於他善於用人。他秉承疑人不用，用人不疑的準則，對苟息言聽計從，抓住對手貪財的弱點，誘之以利，亂其心智，最後不僅滅了虞、虢二國，而且也重新收回了美玉和良馬。

第五章　奇謀異略篇

＝城濮之戰退避三舍 ＝＝＝＝＝＝＝＝＝＝＝＝

　　春秋時期，晉獻公得一愛妃，名叫驪姬。驪姬生得明目皓齒，腰肢細軟，擅長歌舞，有妲己之妖，心機陰沉，常常獻媚取憐，深得晉獻公的寵愛。

　　後來，驪姬生一子，取名為奚齊，晉獻公大喜，對母子二人恩寵備至。驪姬為了能讓兒子當上太子，費盡心機，屢次向晉獻公干涉國事。晉獻公色昏頭腦，被驪姬所惑，竟然處死了太子申生。消息傳出，舉國震動，申生的弟弟重耳悲傷之餘，深感危險，於是逃出晉國，開始了十幾年的流亡生活。

　　歷經千辛萬苦，重耳來到楚國，謁見楚王。楚王素聞重耳賢名，知道他日後必有一番作為，不敢輕慢，忙命人請入重耳，以國君之禮待之，又大擺宴席，為他接風洗塵，重耳謙讓不敢當。終宴，楚王的態度越來越恭敬了，而重耳的言辭也愈發謙恭有禮，兩人脾氣相投，重耳便居留在楚國。

　　一次，重耳與楚王在宮中敘話。兩人聊治國，談人生，笑聲不斷，氣氛十分融洽。突然，楚王問重耳道：「寡人若助公子當上國君，公子該如何答謝寡人呢？」重耳沉吟一番，說道：「美女侍從，奇珍異寶，大王您從來不缺，晉國還有什麼寶物能進獻給您呢？」楚王笑道：「公子過謙了，話雖如此，但是一個人受恩之後，要懂得報答，這才能無愧於心。」

重耳想了想，說：「若是在您的幫助下，我有機會當上晉國君王的話，那我一定與貴國結成友好之邦，讓兩國的百姓免遭戰亂之苦，共修太平盛世。假如有一天，晉楚之間無法避免要打仗，我一定率領軍隊避退三舍[138]。如果您不願意罷兵，我再與您交戰。」

四年之後，事情出現了轉機，在楚王的幫助下，重耳如願以償重歸晉朝，成了晉國的國君，就是歷史上有名的晉文公。晉文公在外流亡十九年，九死一生，飽嘗艱辛。同時，他也體會到百姓的生活不易，所以，他繼位後，孜孜求治，勤政愛民，晉國逐漸地強大了起來。

當時，東方齊國逐漸衰敗，內亂不斷，而南方楚國國勢更盛，不斷開拓疆域，兵鋒已至黃河流域一帶。楚成王三十六年（西元前六三六年），周王室發生內亂，周襄王被其弟太叔帶與狄人趕走，流亡在外。晉文公採取大臣狐偃等人的建議，打著「尊王攘夷」的旗號，發兵迎回了周襄王，殺了太叔帶，成功平定了周王室的內亂。從此，晉文公名聲大震，威懾各路諸侯。晉文公心懷大志，積極擴軍，準備與楚國爭霸。

不久後，宋國背楚從晉，楚王大怒，派大將成得臣率兵攻打宋國。宋國向晉國求救，晉文公集宋、齊、秦等國的兵

---

138 避退三舍：古時候行軍，每三十里叫一「舍」。退避三舍，就是退讓九十里的意思。

第五章　奇謀異略篇

力，前去攻打歸附於楚國的曹、衛二國。楚王大驚，知道情勢不利於自己，便下令退兵。但成得臣卻惱怒宋國背叛楚國，堅決不從命，反而下令三軍，拔寨起兵，專程向晉軍殺去。

晉文公得知楚軍殺到，命令軍隊避退後撤。諸將不解其意，問晉文公道：「大王，這仗還沒開始打，您為什麼就要退兵呢？」晉文公說：「當初寡人流亡楚國，曾在楚王面前許諾說，晉楚兩國兵戎相見的時候，我一定會退避三舍，以報楚王的大恩。」於是晉軍後退三十里，但發現楚軍尾隨而至，晉文公又命全軍後退三十里，就這樣，晉軍一直退到九十里外的城濮[139]後，才安營紮寨。

楚軍見晉軍不斷後撤，欣喜異常，以為此戰必勝無疑。但將領鬥勃卻憂心忡忡，向成得臣進言道：「晉獻公以君避臣，將軍便可揚名天下，不如趁勢還兵，雖無功，但也沒有罪。」成得臣不悅，認為晉軍不斷退避，可見是懼怕楚軍，如果不斷追擊，必能大獲全勝。於是，成得臣率兵一直追到城濮，據險立營，與晉軍相持。與此同時，成得臣又派人給晉文公送去戰書，說他膽小如鼠，不如就此罷兵，歸附楚國。晉文公閱畢，一笑了之，不再理會。隨後，晉文公下令與楚軍交戰，結果楚軍大敗，成得臣率領殘兵敗將逃走。

139　城濮：今山東鄄城西南。

【智慧悟語】

　　實際上，晉軍主動「退避三舍」，是晉文公圖謀戰勝楚軍的重要方略。晉文公表面是履行他當初向楚王許下的諾言，實際上，晉軍退到城濮，不僅是一種「後發制人」策略，而且城濮離晉國較近，糧草和武器補給、供應方便；同時，「退避三舍」也能發揮爭取輿論的同情，誘敵深入，激發晉軍士氣等多重作用，晉軍利用楚軍驕傲輕敵的弱點，集中兵力，大破楚軍。有時候，退卻是為了更好的進攻。表面的退卻，往往能贏得更大的成功。

＝ 興秦國范雎施巧計 ＝

　　秦昭王繼位時，年幼未冠，不能臨朝理事，宣太后與其弟穰侯魏冉趁機掌控秦國大權，擅權亂政，秦昭王鬱鬱不得志。周赧王四十五年（西元前二七〇年），魏冉張榜天下，徵兵伐齊。

　　次日，秦昭王收到一封署名為張祿的奏章。信中只有寥寥數語，說是有急事面奏。秦昭王心生疑惑，不知張祿是何人，但從奏章可以斷定，此人並非尋常之人，說不定能助自己擺脫太后的箝制。於是當下乘輦離宮見張祿。行至半路，

第五章　奇謀異略篇

突然從小巷中走出來一個男子，攔住了秦昭王的輦車。秦昭王的侍從朝那位男子大喝道：「大王來了，還不快讓路！」誰知那位男子非但沒讓路，反而說道：「秦國還有大王嗎？小民聽說秦國只有宣太后和魏冉，哪裡還有什麼大王呀！」

這句話恰好被坐在輦中的秦昭王聽到，他大吃一驚，知道此人絕非等閒之輩，連忙下車，喝退左右，好言詢問那位男子。男子說道：「小民正是給您上奏之人。」秦昭王更加吃驚，當下請他入宮，摒退左右，誠懇地向他請教治國之策。

原來，此人名叫范雎，張祿是他的化名。他原本是魏國人，曾在魏國大夫須賈門下當門客。有一次，須賈帶著范雎出使齊國。在朝堂上，因兩國過去的糾葛，須賈被齊襄王責問得啞口無言，張惶失措，范雎挺身而出，代為作答，侃侃而言，直說得齊襄王轉怒為喜，也為范雎的才華和口才所折服。當夜，齊襄王還備了一份厚禮，送給范雎。范雎推辭不受。

須賈是個嫉賢妒能的鼠輩，回國後，他馬上向齊國相國魏齊進讒言說，范雎私自收賄金，有叛魏投齊之心。魏齊大怒，命人將范雎抓來，對其進行嚴刑拷打，范雎被打得皮開肉綻，骨折齒落。為了保全性命，范雎屏氣凝神，躺在血泊中裝死。魏齊未能識破，以為范雎真的死了，便命人用破草蓆將他裹起來，扔到廁所裡。待天黑以後，范雎張目偷窺，

發現只有一名守兵在看守他。范雎便懇求他幫助。守兵也不忍心加害於他，便對魏齊說，范雎死去多時，屍體扔在廁所裡時間久了，恐怕會腐爛發臭，不如扔到荒野。得到魏齊的准許後，守兵便用車將范雎拉到荒野，助他脫身。范雎知道魏齊生性多疑，怕他追捕，便隱匿民間，改名換姓，自稱張祿。後來，秦國有使者來齊，范雎趁夜偷偷去拜見秦使，並說服使者將他帶到秦國。

　　秦昭王聽了范雎的經歷後，唏噓不已，更加相信范雎是一個難得的濟世賢才，對他的態度愈發恭敬了。秦昭王對范雎說：「寡人誠懇地向先生請教。不論牽扯到誰，上至太后，下至朝廷百官，先生不要有所顧忌，有什麼話儘管說。」范雎說：「秦國疆域遼闊，物產豐富，士卒勇猛，若要統治諸侯、成就霸業，本來很容易達成，但多年來卻一無所成。這說明相國魏冉沒有盡力，而您也有失策的地方。」秦昭王說：「那你說說寡人失策在什麼地方？」

　　范雎說：「小民聽聞魏冉要越過韓國，攻打齊國，這個計策不是很好。派出的軍隊少了，就勝不了齊國。派出的軍隊多了，則是勞民傷財，於秦國不利。小民猜想，您的計畫是少出軍隊，讓韓國和魏國多出軍隊，但這樣的話，則會陷您於不義之地。現在這兩個國家表面上討好您，實際上是畏懼秦國不得已而為之，而您現在要越過他們去攻打齊國，這是

不智之舉。倘若韓、魏二國聯合抗秦，您則會背後受敵，到那時，您又該如何處置？依小民之見，最好的辦法就是遠交近攻。對於離秦國較遠的國家，大王您不如暫且與之交好，然後攻打一些鄰近的國家，打下一寸土地，就是大王您的土地，打下一尺土地，也是大王您的土地。」

「昔日魏國越過趙國去攻打中山國，魏國雖然大勝，但傷亡過半，讓趙國不費一兵一卒，白白得了中山國的五百里土地，這是因為中山國離趙近而離魏遠之故。現在韓、魏二國，地處中原，是天下的樞紐，大王您若是想成就霸業，首先要控制中原地區，以威懾楚國和趙國。如果楚國強大的話，您就與趙國交好；如果趙國強大，您就與楚國交好。一旦您與楚、趙二國交好，齊國恐慌，必然會向您示好稱臣。如果齊國依附了秦國，那麼您便能趁勢攻取韓國和魏國了。」秦昭王說：「寡人早有與魏國交好之意，但魏王說變臉就變臉，寡人無法與他親近。先生可有什麼妙計嗎？」范雎說：「大王您可以用金銀財寶討好魏王。如果行不通的話，可以割地收買他；要是再不行的話，就發兵攻打他。」秦昭王大喜，當下拜范雎為客卿，並按照他計策，派兵攻打魏國，攻克了懷邑 [140]，過了兩年，又攻取了邢丘 [141]。

幾年後，秦昭王收回了魏冉的相印，撤了他的官職，又

140　懷邑：古邑名。在今河南武陟縣陽城鄉土城村。
141　邢丘：古邑名。在今河南溫縣東。

將太后安置在宮中，不讓她參預朝政。此時時機成熟，秦昭王拜范雎為相國。

從此，秦昭王在范雎的輔佐下，勤政愛民，秦國越來越強大，為秦始皇兼併六國、統一天下，奠定了堅實的基礎。

【智慧悟語】

范雎憑藉對各國之間的利益關係的深刻了解，為秦國量身制定了稱霸天下的計策，和遠方的國家結盟，逐漸吞併鄰近的國家。這樣做既可以分化敵人，防止敵方結盟，各個擊破；同時又能防止鄰國肘腋之變。而從長遠來看，所謂「遠交」，不過是一種為避免樹敵過多而採用的外交誘騙罷了。等消滅了近敵後，「遠交」之國則會成為新的攻擊對象了。秦國因採用范雎的遠交近攻之計，果然順利滅了六國，可見這一計謀的神通。

═ 呂不韋巧計歸異人 ═

戰國時期，秦孝公任用商鞅為左庶長[142]，革新吏治，變法圖強，迅速崛起，打敗各國，定都咸陽[143]。待秦昭王繼位後，與六國爭雄，攻池略地，國力更盛。

---

142 左庶長：爵位名。秦，漢二十等爵的第十級。
143 咸陽：今陝西咸陽市。

第五章　奇謀異略篇

秦昭王四十二年（西元前二六五年），秦昭王立安國君為太子。安國君把他最寵愛的妃子華陽夫人立為正夫人，但她沒有兒子。安國君有二十多個兒子，其中一個叫異人。異人的母親叫夏姬，不得安國君的寵愛。異人被當做人質，羈留在趙國。

當時陽翟[144]有個叫呂不韋的商人，靠低價進買貨物，高價賣出，賺取差價，家累千金。一次，呂不韋路經趙國邯鄲[145]，聽說了異人的事情，私下嘆為奇貨可居，便一路打聽，找到異人的住所，與異人相結識。呂不韋出手闊綽，常常接濟經濟拮据的異人，一來二去，兩人便成了好友。

一次，異人宴請呂不韋，令樂工歌伎，彈唱勸酒。酒至半酣，異人又想到自己羈留異地，舉目無親，愁腸百結，不覺嗟嘆淚流。呂不韋對他的處境十分了解，遂對異人說：「秦王現在老了，太子安國君非常寵愛華陽夫人，但她沒有兒子。如果你能取悅華陽夫人，立你為嗣君，將來回國繼承王位，便可改變現在的處境。」

異人長嘆道：「我何嘗不想如此呢？但現在有誰願意幫我呢？」呂不韋說：「呂某雖不才，但我願意傾所有家財，為殿下效勞，遊說太子和華陽夫人，助殿下歸國，如何？」

異人當然喜不自勝，當即許諾道：「此事若成，等我當上

144　陽翟（ㄉㄧˊ）：即今河南省禹州市。
145　邯鄲：今河北省邯鄲市。

秦國國君，我一定和您共用榮華富貴。」呂不韋的投機事業
走出第一步，也高興萬分，又贈送給異人五百兩黃金，讓他
在趙國結交賓客。不久，呂不韋動身西去，沿途購買一些奇
珍異寶，帶入秦國。

　　到了秦國後，呂不韋先去拜見了華陽夫人的姐姐，買通
關節，託她將所有的財寶，以異人的名義，全部進獻給華陽
夫人，並請她轉告華陽夫人說：「異人雖然質居趙國，但他
賢明有德，廣交賓客。他視夫人為生母，日夜啼哭，思念太
子和夫人，欲歸國奉養，以盡孝道。」接著，呂不韋又說：
「我聽說依靠美貌取得寵愛的人，等到年老色衰，自然會失
寵。現在您侍奉太子，雖然恩寵無比，但您現在還沒有兒
子。如果您現在不及時從諸位公子中，擇賢過繼，待日後色
衰愛弛，又無子可繼承王位，那時後悔就無用了。在趙國當
人質的異人，排行居中，生母又不受太子的寵愛，如果您不
幫他，他是沒有機會被立為嗣君的。如今，您如果能立他為
嗣君，讓他回國，異人必會感恩不忘，夫人生生世世便有了
依靠，可享用數不盡的榮華富貴。」華陽夫人聽後，如夢初
醒，便下了決心。

　　一天晚上，華陽夫人侍奉太子安國君飲酒取樂，興致正
濃時，華陽夫人突然開始嚶嚶哭泣。太子忙問緣由，她卻不
答言，抽泣得更加屬害了，太子一看，她面龐淚痕交加，猶

第五章　奇謀異略篇

如一朵帶雨梨花，楚楚可憐，太子一陣心疼，催問她為何哭泣。華陽夫人這才收住眼淚，委婉陳詞道：「臣妾承蒙上天的眷顧，有幸得到太子的寵愛，但我卻沒能為您生下一個兒子，實在讓人心痛。您的兒子當中，唯有異人最為賢明，而且對我也十分孝順。所以，我希望您能立他為嗣君，這樣等我老了，也有所依靠。」太子答應了她，刻符為約，又賞賜了異人很多禮物，並讓呂不韋輔佐他。從此，異人對呂不韋的態度更是恭敬有加。

呂不韋卻是心懷鬼胎，四處尋訪美女，恰巧邯鄲有一個歌伎，名為趙姬，生得嫋娜娉婷，有傾城之貌，善於歌舞，遂不惜重金，為其贖身，納為小妾。不久，趙姬便懷有身孕，呂不韋料想是男胎，眼珠子咕嚕一轉，便心生一計。他請異人來赴宴，席上美味珍饈，陳年佳釀，笙歌陣陣，異人不亦樂乎，好久沒有如此暢快，遂開懷暢飲。酒至半酣，呂不韋說道：「鄙人新得一歌伎，擅長歌舞，想請她為殿下獻酒。」說著，將手一揚，擺了擺，朝內堂叫道：「趙姬，還不快出來！」喊聲猶落，一個盛裝女子掀簾而入，微移蓮步，向異人微微鞠躬施禮，又朝他嫣然一笑，異人慌忙作揖還禮，心中卻是撲通跳個不停，暗嘆道：好一朵人面桃花！待趙姬獻酒已畢，異人卻彷彿被勾去了魂魄，悵然若失，不住偷眼相窺。趙姬乃風塵中人，見異人生得面如傅粉，明目皓

齒，也暗自嘆道：好一個俊朗飄逸的少年郎！心生好感，故意暗送秋波，與他對視。異人坐如針氈，心癢難耐，躍躍欲動。這時的呂不韋，似乎有些不勝酒力，躺在席上休息，頃刻鼾聲如雷。異人色膽包天，以為機會來了，竟起身離座，拉扯趙姬的衣服，趙姬卻若嗔若喜，半推半就。正當此時，呂不韋突然拍案而起，怒斥道：「我好意相請，令我愛姬出來獻酒，以表敬意。殿下卻公然調戲我愛姬，究竟是何意？」

異人嚇得魂飛魄散，頓時矮了半截，跪地叩首求恕。呂不韋慌忙上前扶起，說道：「我為殿下散盡家財，全無吝惜。更何況你我情同手足，我怎麼會可惜一個女子呢？殿下如果喜歡她，我大可以把她贈送給你，你何必做這般為人不齒的伎倆？」異人轉驚為喜，說道：「承蒙君之恩德，他日如能得富貴，一定報答。」呂不韋說道：「此姬可以贈給殿下，但你要答應我兩件事情。」異人點頭應允。呂不韋說道：「一是，趙姬與我情感深厚，為了確保她終身富貴，你要納她為正室；二是她若是生了兒子，你要立他為嫡嗣。」異人一口答應，再三拜謝，帶著趙姬一同登車而去。後來，趙姬果然生了個兒子，取名嬴政，也叫趙政，他就是秦始皇。

後來，秦王和趙國反目成仇，趙王欲殺異人，幸虧有呂不韋從中斡旋，以重金賄賂守衛，逃離秦國。異人回到趙國不久後，秦昭王便去世了，太子安國君繼位，即秦孝文王，

第五章　奇謀異略篇

立華陽夫人為皇后，異人為太子。但秦孝文王在位僅僅三天，就去世了，異人順利繼位，即莊襄王。

莊襄王十分感激呂不韋的擁立之功，拜呂不韋為相國，封文信侯，食邑河南洛陽十萬戶，門下食客不計其數，奴僕萬人。自此，呂不韋的投機事業大獲成功，從此權傾天下。

【智慧悟語】

「奇貨可居」是呂不韋竊取秦國的天大陰謀。身為一名商人，呂不韋眼光獨到，老謀深算，善於揣摩別人的心裡，投其所好，一旦覺得時機到來，他願意傾力而為，這是他成功的原因。對於我們來說，啟迪是很深的。但呂不韋膽大的同時，道德敗壞，用李代桃僵、借腹生子的卑劣手段，瞞天過海，讓兒子嬴政繼承了王位。他機關算盡，地位尊崇無比，威焰日盛，卻不懂有所收斂，最後惹來秦始皇嬴政的猜忌，落了個飲鴆自盡的下場。

═ 酈食其智取陳留城 ═══════════

酈食其是高陽[146]人。他自幼深受儒學的薰陶，很有學問，但家貧落魄，無以為生，年齡又大，也沒有什麼產業，只好到府衙中當了一名小吏。酈食其嗜酒如命，閒暇之時，總會找幾個人聚在一起開懷暢飲，一醉方休。因此，人們稱他為「高陽酒徒」。

陳勝、項羽等人起兵反秦之後，經過高陽的將領大約有數十人。酈食其得知這些人的姓名後，卻認為他們都是些無能之輩，不足以成大事，免不了背地揶揄一番。人們都笑他口出狂言，所以他又得了個「狂生」的諢名。

後來，劉邦率兵路過高陽，並在此駐紮下來。碰巧，劉邦部下有一個騎兵，恰好是酈食其的同鄉，兩人多年未謀面，此時相見，自是喜不自勝，酈食其沽酒買肉，熱情款待騎兵。酒過三巡，酈食其對騎兵說：「我聽說劉邦心胸狹窄，目中無人，不知是否屬實？」

騎兵說：「這種傳聞不可不信，也不能全信。劉邦雖然狂妄自大，但喜歡結交豪傑，每路過一地，必然過問，如果有賢士來投，他也十分歡迎，禮讓有加。」酈食其說：「照你這麼說，劉邦確實是深謀遠慮，有一番雄心。這樣的人，我才願意結交，你願意向他推薦我嗎？」騎兵沉默不言。酈食其

---

146 高陽：古鄉名，在今河南杞縣西南。

說：「你是懷疑我老不中用了嗎？你回去見到劉邦，就對他這樣說：『我家鄉有個叫酈食其的，六十餘歲，身高八尺，人們都管他叫狂生，但他不是自大，讀書多智，能助別人成就一番大業。』」

騎兵搖頭說：「劉邦素來不喜歡儒生，也討厭讀書人。若是有人戴著儒生的帽子拜見他，他便會命他拿下帽子，往裡面撒尿，就是平常談論，他也常說儒生迂腐不堪，笑罵不止，所以，你不能以儒生的身分去見他。」酈食其滿不在乎地說：「沒有關係，你照我的話說就可以，我料想劉邦不會拒絕我的。」騎兵回去後，拜見了劉邦，將酈食其的話原原本本地告訴了他。劉邦聽後，也不多言，命騎兵去召酈食其。

酈食其當即前去拜見劉邦，劉邦正坐在床上，讓兩個女子洗腳，酈食其看見後，故意徐徐而進，走到劉邦面前，長揖不拜。劉邦仍然坐著不動，好像什麼也沒看見。酈食其朗聲說道：「您率兵至此，是想幫助秦國攻打各路諸侯呢？還是與各國聯手滅亡秦朝呢？」

劉邦見他身著儒服，頭戴儒冠，已經心生厭惡，並且舉止粗俗，言語唐突，不由得怒火叢生，喝道：「真是個書呆子！天下百姓受盡了秦朝的折磨，苦不堪言，所以諸侯才聯手攻打秦朝，怎麼能說我幫助秦朝攻打諸侯呢？」酈食其續道：「好，既然您有滅秦之志，為何要坐著接待長者呢？行

軍打仗最不可缺的就是謀士，您若是這麼怠慢賢才，還會有誰前來獻策呢？」

劉邦聽後，立刻停止洗腳，整衣而起，請酈食其坐在上位，並向他道歉。隨後，兩人開始縱談天下大勢。酈食其論及六國的興旺衰敗，口若懸河，滔滔不絕，足足說了一個時辰才說完。劉邦頓生敬意，馬上命人擺宴上酒，請酈食其入席安坐，自己在旁相陪。席間，劉邦又問道：「先生，您看，我現在該制定什麼計策，又該採取什麼行動呢？」

酈食其道：「您在諸侯中雖有一些威望，但軍隊卻是由一些散兵組成的，總共也不足一萬人，若是單靠他們攻打秦朝，無疑於驅羊入虎口，自取滅亡。據臣愚見，不如先拒守陳留 [147]，陳留是天下要道，四通八達，進可戰，退可守，而且城中積糧甚多，可以充為軍糧。我與陳留縣令是故交，讓我為您說服他獻城歸降，若是他不聽從，您再派軍隊攻打。」劉邦深以為然，便派酈食其先去陳留，自己率兵跟隨。

酈食其到了陳留，馬上拜見縣令，寒暄一番後，酈食其單刀直入，將利害得失關係，說了一遍，勸他獻城歸降劉邦，但縣令偏不聽從。酈食其見縣令難以順應，馬上轉變論調，佯裝與他議守城之事，一直談到半夜時分，縣令頗為高興，便設宴相待。酈食其本是酒徒，酒量奇大，縣令只喝了

147　陳留：今河南省開封市陳留鎮。

第五章　奇謀異略篇

數杯，已是舌頭直打轉，話也說不清楚了，便請酈食其留宿府中，自去休息。酈食其待縣令鼾聲如雷之際，殺了縣令。隨後，大開城門，放入劉邦的軍隊，城中的守衛幾乎沒有抵擋能力，很快就被劉邦的軍隊所敗。

劉邦占據陳留後，揭榜安民，秋毫無犯，百姓毫無怨言，真心帖服。劉邦檢查穀倉，果然糧食甚多，十分佩服酈食其的才智和能力，就封他為廣野君。

此後，酈食其又把他的弟弟酈商推薦給劉邦，跟隨他征戰，而酈食其常常充當說客，遊走於各個諸侯國之間。

【智慧悟語】

酈食其是劉邦手下重要的謀士之一。他博學多才，巧舌如簧，機變過人。當酈食其得知劉邦雖狂妄，但他求賢若渴，禮賢下士，不拘泥於小節，所以，他抓住劉邦這個心理，先故意激怒劉邦，然後拋出怠慢賢士的殺手鐧，使劉邦馬上意識到自己的失態，由此轉變了態度，對酈食其恭敬起來。而酈食其也沒讓劉邦失望，與他裡應外合，拿下了陳留。

═ 背水布陣韓信破趙 ═══════

　　秦朝滅亡後，劉邦和項羽開始了長達五年的爭霸戰爭。
為了幫助劉邦打敗項羽，奪取天下，韓信為劉邦設策，西取
關中，東渡黃河，奇襲魏國，俘獲聽命於項羽的魏王豹。

　　漢高祖二年（西元前二〇五年），韓信與張耳率領幾
萬兵馬，欲東取井陘口[148]，然後進攻趙國。趙王聽說漢軍來
攻，在井陘口屯兵二十萬，嚴密防守，欲扼險固守。

　　趙王手下謀士李左車（ㄐㄩ）對大將陳餘（ㄩˊ）說：
「漢將韓信驍勇有謀，　路獲勝，銳不可擋。臣聽說從千里
之外轉運糧食，士兵必然吃不飽，臨時砍柴煮飯，所得食物
也極為有限。現在我國井陘口，道路狹窄，戰車無法並排而
行，戰馬無法列隊行軍，漢軍的糧草輜重，必然會落在隊伍
後面。臣願意率三萬人馬，抄小道截取他們的武器和糧草。
而將軍便可在這裡深挖戰壕，高築營壘，固守營地，不要與
他們交戰，讓他們前不能戰，後不能退兵，我再率兵將他
們包圍，不出十日，我們便可活捉韓信。」陳餘本是一介書
生，不懂用兵之道，常以義軍自居，不屑陰謀詭計，因而拒
絕採納李左車的計策，堅持與漢軍正面作戰。

　　不久，就有探子將此事稟告給韓信，韓信暗自心喜，當
即命令軍隊全速前進。等走到距離井陘口不到三十里的地

148　井陘（ㄒㄧㄥˊ）口：要隘名。九塞之一。故址在今河北省井陘縣北井陘山上。

第五章　奇謀異略篇

方，命令軍隊安營紮寨，休養生息。當天夜間，韓信挑選兩千精兵，每人手執漢旗，從小路上山隱蔽，窺探趙軍的動向，並再三囑咐道：「明日我會與趙軍交戰，我軍將會詐敗，趙軍見我們潰逃，必會傾全軍之力追擊我軍，你們可趁此機會，衝入趙營，拔掉趙軍旗幟，換上我軍的旗幟。」然後韓信令副將傳令全軍，讓將士們飽餐一頓，準備打仗。

韓信對將領們說：「趙軍據險立營，盡占優勢，我們可以派一支部隊前去試探，趙軍見我先頭部隊沒有主將帥旗，必然不會輕易出來攻打。」於是，韓信派出一萬軍隊，先行出發，渡過河水，進入井陘口，然後擺開陣勢，揚旗示眾，鳴鼓助威。陳餘在離很遠的地方就看到了，不由得哈哈大笑道：「韓信果然是個庸將！背水作戰歷來是兵家大忌，一旦背水，必死無疑。」

等到天色微明，韓信樹立主帥旗幟，發動進攻，趙軍一看，大開營門，出兵迎戰。趙軍仗著人多勢眾，一擁上前，欲將漢軍包圍，活捉韓信和張耳。韓信和張耳假裝敗逃，拋去帥旗，丟下戰鼓，一齊奔逃到河邊的營地中。陳餘見趙軍輕易得勝，命令全軍出動，緊追不放，掠奪漢軍的旗鼓，洋洋得意，作為邀功之憑。韓信和張耳與河邊的漢軍合為一處，回身向趙軍殺去。韓信下令軍中，要決一死戰，後退者立斬。漢軍已無退路，只能奮力拼殺，雙方從早上一直戰到

中午，不分勝負，陳餘擔心將士們體力不支，便下令收兵。不料行至半途，遠遠望見營中插滿了漢軍的旗幟，一面一面隨風獵獵作響，好像落日紅霞一樣，燦爛無比。陳餘大驚，正當不知所措的時候，一聲炮響，漢軍開始前後夾攻，徹底擊潰了趙軍，殺了陳餘，俘獲了趙王。

韓信傳令軍中，不准傷害李左車，並懸賞千金捉拿他。不久，有人便捆著李左車來見韓信，韓信親自為他鬆綁，設宴款待他，態度十分恭敬。漢軍將領紛紛前來祝賀韓信，並問韓通道：「按照兵書上說，布兵列陣應該是後背靠山，左方和前面靠水。而這次，您讓我們背水列陣，最後居然能大獲全勝，這是為什麼呢？」

韓信笑著說：「我的方法兵書上也有，只是你們不曾注意罷了。兵書上不是有句話說『置之死地而後生』嗎？如果在能逃生的地方作戰，士兵們畏懼生死，必然不會捨命殺敵，那樣的話，怎麼能取得勝利呢？」聽了韓信的一番話，將領們心生佩服，由衷地讚嘆道：「將軍用兵如神，我們無法比啊！」

【智慧悟語】

背水一戰是「置死地而後生」這種思想的具體應用，是韓信首創。人在危險的環境中，身體中腎上腺素的分泌量會突然升高，因而使肌體產生比平日狀態下更

多的功來，最大限度釋放出潛能。在這樣的情況下，士
兵們出於強烈的求生欲望，潛能爆發，在實力懸殊的情
況下，一定能以一當十，戰勝對方。

＝ 用巧計陳平除范增 ＝

　　楚漢爭霸期間，有一次，劉邦兵敗，被項羽圍困在滎
陽[149]，並控制了漢軍的甬道[150]。

　　劉邦試圖突圍，但都沒成功，不禁心急如焚，一時沒了
主意，對陳平感慨道：「天下紛亂多年，究竟什麼時候才能
安定下來呢？」陳平說：「大王所擔憂的，無非是項羽。依臣
看來，項羽手下，除了亞父范增、鍾離眛等人，肯為項羽出
力，其他人不過是一些貪圖虛名、追求錢財的小人罷了。大
王如果肯拿出巨金，特地離間項羽他們君臣之間的關係，致
使他們彼此猜忌懷疑，加上項羽本性多疑，又偏信讒言，不
輕易相信別人，這樣一定能讓他們內部不和而自相殘殺。到
那時，大王趁隙進攻，便能大敗楚軍。」

　　劉邦大喜道：「我視金錢如糞土，如果能破楚軍，花費再
多的錢財，我也願意。」說著，命人取出黃金四萬斤，交給
陳平，讓他隨意支配。陳平受金而出，傳喚了幾名機靈的士

149　滎（ㄒㄧㄥˊ）陽：今河南滎陽市。
150　甬道：古代兩旁有牆垣遮蔽的通道，用來運輸糧草。

兵，讓他們穿了楚軍的衣服，懷金潛出城，混入楚營，賄賂項羽左右，讓他們在軍中散布謠言。俗話說：「有錢能使鬼推磨。」過了兩三天，楚軍便紛紛傳言說，鍾離昧等人勞苦功高，封賞卻最少，又不能封王，將要聯漢滅楚。

項羽素來喜好猜忌，聽了這些謠言，不由起了疑心，竟然開始冷落鍾離昧等人。項羽雖然不信任鍾離昧等人，但對范增卻依然恭敬有加，軍中大小事務都要與范增商量。范增勸項羽早日拿下滎陽，免得劉邦脫逃，縱虎歸山，遺患無窮。項羽便親督將士，將滎陽城圍了個水洩不通，日夜監察漢軍的動靜，一點也不肯放鬆。

劉邦擔心守不住滎陽城，便派使者與項羽講和，說願意將滎陽以西的土地割讓給項羽。項羽自然不肯答應，不過因為有漢使前來，也修了一封回信，派使者入城，探聽城內虛實。陳平正愁往楚軍投了那麼多黃金，造謠離間楚軍，而范增卻毫髮無損。恰巧，聽聞有楚使前來，陳平心生一計，誘使楚使邁入圈套。楚使哪裡會想那麼多，徑直入見劉邦。劉邦已受陳平密囑，假裝喝醉了酒，口齒不清地對楚使說了一番話，便命陳平留他用飯。

楚使在客館靜坐片刻，便進來十幾個僕人，每人手托一盤精美食物，以及美酒佳釀，頃刻便擺滿了一桌。楚使大喜，舉箸正要吃，陳平卻走了進來，詢問范增身體狀況，又

第五章　奇謀異略篇

和他要范增的密信。楚使愕然道：「我奉項王之命前來議和，我臨行前，亞夫也未曾囑咐我什麼。」陳平故作驚訝地說：「你難道是項羽的使者？」說著，匆忙而去。片刻，又進來十幾個人，將一桌豐盛的酒菜，統統撤去，換上了一些粗茶淡飯端給楚使。楚使一看，竟然連一點肉也沒有，不由得一陣惱怒。本想一口不吃，但因腹中飢腸轆轆，才胡亂吃了幾口。不料，菜中帶著腥臭，米飯也是餿的，酒更酸得無法下嚥。氣得楚使摔了杯箸，也不告別，大步離城而去。

　　城中守衛也沒阻攔他，放他自去。楚使飛速奔回軍營，見了項羽，便將方才遭遇一一說了，並說范增暗通劉邦，應小心提防。項羽聞言，拍案而起，怒喝道：「前些日子，我聽到一些傳聞，但我一直以為他忠心不二，沒想到他果然暗中通敵！這個老匹夫，真是活得不耐煩了！」項羽越說越氣，最後竟然召來范增，當面喝斥他。從此對范增開始提防，不再信任他了。

　　范增對這些事情一概不知，一心為項羽謀劃，早日滅掉劉邦。他見項羽為了和劉邦議和，又逐漸鬆懈了攻城的事情，不免暗中著急，遂又請項羽激勵將士，早日攻下滎陽。項羽已開始猜忌范增，只是沉默不語。范增卻一心為項羽考慮，著急說道：「古語云：『當斷不斷，反受其亂。』當初在鴻門宴上，臣再三勸說您殺了劉邦，永絕後患，大王卻不

肯聽從，致使劉邦坐大，敢與大王對抗。現在是天要亡他，把他困在滎陽，大王若是再不決斷，放他逃脫，一旦捲土重來，大王還會是他的對手嗎？」項羽本來就在生范增的氣，現在聽他這麼一激，勃然大怒，喝道：「你讓我盡快攻取滎陽，我不是不願意聽從，但我擔心滎陽還沒攻下，反倒叫你害了性命！」

范增聽了項羽的這番咆哮，不由一陣心寒。他迫隨項羽多年，項羽對他一直禮讓有加，從未說過這樣的話，當下就猜到有人離間他與項羽的關係。范增長嘆一聲，留下兩行清淚，對項羽說：「現在天下粗定，願大王好自為之，臣年事已高，不堪重任，願歸還故里。」說罷，轉身而去。項羽有些後悔，但卻沒有挽留范增。最終，范增病死歸鄉途中。

當夜，陳平又使金蟬脫殼之計，先派兩千多名婦女從滎陽城東門而出，吸引楚軍的注意力，隨後，又讓漢軍大將紀信扮作劉邦，出城詐降，陳平和劉邦帶領一隊將士，從滎陽城西門逃離。隨後，劉邦回到關中，重新招兵買馬，準備再次東進。

【智慧悟語】

陳平深知若要打敗項羽，必須先除掉項羽的謀士范增。於是他步步為營，利用項羽剛愎自用、生性多疑的

弱點，巧施反間計，讓楚使誤以為范增暗通敵人，回去便向項羽告發范增。項羽由此開始猜忌范增，范增傷心之餘，病死在棄官歸鄉的途中。

═ 擒韓信陳平出奇謀 ═

　　劉邦在垓下打敗項羽後，馬上奪取大將韓信的兵權，封他為楚王，建都下邳。

　　轉眼間，已是漢朝第六年，劉邦的江山雖已坐穩，但他還有些不放心，不時想起項羽手下的幾個遺臣，其中就有一個叫鍾離昧的，至今未捕獲，此人武藝超群，是個心腹大患。劉邦又遍告全國，務必要將鍾離昧緝拿歸案。沒過幾天，劉邦便收到暗報，說鍾離昧現在投奔了韓信，住在他的府中。劉邦聞言，不覺失色，他本來擔心韓信日後作亂，才千方百計奪其兵權，屢加防範，現在他卻收留了項羽手下悍將鍾離昧，更覺得心神不寧，馬上派使手持詔書，命令韓信將鍾離昧押解到京都。

　　韓信與鍾離昧素來相識，關係十分好，項羽兵敗後，鍾離昧萬般無奈之下，才投奔韓信。韓信念及舊情，請他居住在家，等接到劉邦的詔書後，韓信不忍心出賣鍾離昧，只好編造謊言說，鍾離昧從未來過此地。使者如言返報，劉邦聽

後，將信將疑，總是無法釋懷，因此又暗中派人，前往下邳，潛伏在韓信府邸周圍，探聽虛實。時值韓信出巡，一路鳴鑼開道，身穿重甲的護衛，有幾千人之多，聲勢浩大，百姓不敢上前，只是遠遠圍觀。使者見狀，便以此為話柄，密奏劉邦說，韓信已有謀反之意。

　　劉邦忙召集諸將，商議應對韓信之策。諸將你一言，我一句，大聲嚷嚷說發兵滅了韓信。劉邦見這些人大議論了半天，除了兵戎相向，再也沒有其他辦法，不由一陣心煩，沉默不語。諸將見劉邦不悅，自覺掃興，一個個小心告退。正巧，陳平前來覲見，劉邦便向他問計。陳平沉吟一番，說道：「如果對韓信用兵，諸將沒有一個是他的對手。所以為了不激起事變，陛下可以對外宣稱出遊雲夢澤[151]，會見諸侯，韓信身為楚王，必然會前來謁見。趁著韓信謁見的時候，只需要幾個武士，便能將他拿下，這豈不是更好？」劉邦大喜，依計而行。

　　韓信聽說劉邦將要南巡，不免心生疑惑，他被劉邦奪去兵權後，已知劉邦詭譎無比，因此悶悶不樂，格外擔憂。韓信手下將領見韓信整日不見歡顏，對他所擔憂之事已猜到八九分，便對韓信說：「您戰功赫赫，並無過失，皇上之所以猜忌您，是因為您收留了鍾離昧，若是斬其首級，獻給皇

151　雲夢澤：又稱雲夢大澤，中國湖北省江漢平原上的古湖泊群的總稱。

第五章　奇謀異略篇

上，皇上一定會高興，這樣一來，您就不用擔心什麼了。」韓信聽後，不免動心，請來鍾離昧，含糊其辭地說了數語。鍾離昧絕頂聰明，當下就聽出了韓信話中寓意，說道：「劉邦之所以不敢來攻楚國，是擔心我與你聯合抗拒。如果你想將我獻給劉邦，討他歡心，那麼，今天我先死，明天你也活不了！」鍾離昧見韓信面露為難之色，起身離座，怒罵道：「你真是個小人，我真後悔當初來投奔你！」說罷，拔劍自刎。韓信見鍾離昧已死，便割下他的首級，帶著隨從去見劉邦。

韓信見到劉邦後，馬上呈上鍾離昧的首級。劉邦卻沒看一看，厲聲喝道：「來人，將韓信給我拿下！」還沒等韓信反應過來，已有幾名強壯的武士一齊衝到韓信身旁，將他反綁起來。韓信仰天長嘆道：「果然如別人所說，狡兔死，走狗烹，高鳥盡，良弓藏，敵國破，謀臣亡！現在天下已定，我的死期也到了！」劉邦聽後，怒聲對韓信說道：「不是我陷害你，是有人告你謀反。」說罷，命人將韓信綁在車上。劉邦如願擒獲韓信，便又通告諸侯，說韓信謀反，各路諸侯不必前來會見。一切事畢，劉邦便帶著韓信，原路返回洛陽。

到達洛陽後，劉邦又念及韓信功大於過，不忍心殺他，就赦免了韓信，讓他做了淮陰侯。

【智慧悟語】

　　韓信有著非凡的軍事才能，但他在政治上卻毫無天賦可言。他雖然輔佐劉邦打下天下，開創了漢朝四百年的大好基業，但他功高震主，迫使劉邦不得已封他為王，失去了劉邦的信任。所以，當有告發韓信謀反時，劉邦顧忌到韓信的才能，竟然不敢輕易發兵討伐他。陳平深諳劉邦的心理，因而向劉邦獻出以南巡雲夢澤為名，智擒韓信的計策。陳平計策的高明之處在於，避免與韓信發生軍事上的對決，利用韓信政治才能低下的弱點，誘使他自投羅網。由此可見，一個再強大的人，也有他的軟肋，只要能快速找出對方的弱點，便能輕易擊敗他。

第五章　奇謀異略篇

第六章　緊急應變篇

▆ 弦高犒師智退秦軍 ▆▆▆▆▆▆▆▆▆▆

春秋時期，秦穆公任命孟明視為大將，西乞術、白乙丙為副將，率領軍隊去偷襲鄭國。

原來，這年冬天，鄭文公去世，太子蘭繼承王位，成了鄭國的新國君。駐守在鄭國的秦國使者，派人飛報秦穆公，說：「鄭主讓我鎮守都城北門，若大王您現在派軍隊來偷襲鄭國，我為內應，暗中打開城門，一定能輕易滅了鄭國。鄭國雖依附於晉國，但晉文公也剛去世，晉國不會放下國君喪事來援救鄭國的。況且鄭國新立國君，守備鬆懈，願大王您不要坐失良機。」秦穆公獲此密報，認為此機可趁，便徵調兵馬，準備偷襲鄭國。鄭國重臣百里奚與蹇（ㄐㄧㄢˇ）叔聽說後，趕忙連袂入宮勸阻，秦穆公一意孤行，堅決不聽，馬上向鄭國發兵。

秦軍日夜兼程，行軍快速，很快穿過了晉國的崤山[152]，不久又進入滑國[153]境內，兵鋒直指鄭國。

當時，鄭國有一個商人，名叫弦高，以販牛為業，累積了不少家產。弦高雖為商賈，但生性豪爽，喜歡結交豪傑，更難能可貴的是，弦高十分愛國，奈何無人向朝廷舉薦他，只能屈身於市井之中。這天，弦高買了幾百頭肥牛，準備趕

152　崤（ㄧㄠˊ）山：在今河南省洛寧縣北。
153　滑國：春秋時的小國，在今河南省偃師縣南。

到周地去賣。行至半途，弦高遇到一位好友，他剛離開秦國不久。兩人作揖相見，弦高問好友道：「秦國近來有什麼大事發生嗎？」好友說：「秦穆公派三員大將，率兵偷襲鄭國，大概不久就會到了。」

弦高大驚失色道：「鄭國是我父母之邦，如今大難將至，我若不救，鄭國一旦滅亡，我還有何面目回鄉？」情急之中，弦高心生一計，一面派人火速通知鄭王秦軍進攻的消息，讓他提前準備迎敵，一面置辦行頭，裝扮成鄭國的使者，又挑出二十幾頭又壯又肥的牛，讓人趕著牛，一路朝著秦軍進軍的方向去了。

在滑國與鄭國的邊境上，弦高恰好遇上了秦軍的先遣部隊。弦高從商多年，足跡遍布各國，什麼大場面也見過，對外交必要的禮節自然不陌生。只見他不慌不忙，上前攔住去路，高聲道：「我是鄭國使者，有事要稟報你們主帥，煩請通報一聲！」孟明視聽了軍士的稟報，大吃一驚，想道：我日夜行軍，不曾停歇一天，鄭國是如何得知我軍到來？還派了使臣迎接。且先看看他有何來意，再作計較。當下命軍士請入鄭國使臣。

弦高按照禮節見過孟明視後，便詐傳鄭主之命，對孟明視說：「我家國君聽說將軍率軍將路過鄭國，感念貴軍為鄭國守北門之恩，特遣我送來一些薄禮，犒勞將士。鄭國雖是個

小國，財力有限，但只要貴軍在我國停留一天，我們也要盡地主之誼，用豐盛的飯菜款待你們。」孟明視看著弦高，有些不相信他，便問道：「既然是鄭主派你來犒軍，你可帶了鄭君的書信？」

弦高一愣，這才想到自己身為使者，應該有國君的書信或其他東西作為憑證。可他本來就是冒充的，去哪來這些東西呢？不過弦高的應變之能確實無人能及，只見他馬上說道：「貴國此番行動，秘密而又快速，若是等修好國書，恐怕就來不及犒勞將士了，所以我國君王才口授旨意，告訴將軍。還請將軍海涵，勿要見怪。」

孟明視聽了弦高的一番話，以為鄭國真的事先得到了消息，並有所防備，只能隨機應變道：「我們並不去鄭國，而是要攻打滑國，您可以放心地走了。」送走了弦高，孟明視召來西乞術和白乙丙商議道：「我們行軍前來，只為趁鄭國不備，發動突襲，裡外夾擊，便能輕易滅掉鄭國。可現在卻走漏了消息，鄭國早有防備，我們再攻打鄭國，恐怕很難取勝。現在滑國毫無防備，不如滅了它，俘獲一些財物，給國君一個交代，以免師出無名。」

鄭主收到弦高派人送來的消息後，馬上派人前去秦使館窺探消息，果然發現秦國使者正忙著整頓兵器，收拾行李，個個精神抖擻，只等著秦軍到來，準備獻門。只是等到約定

時間，始終不見秦軍殺來，卻見鄭國開始戒嚴，秦使察覺到大事不妙，便趁亂逃走了。秦軍最後也沒敢來，攻克滑國後，將國內財物劫掠一空，然後回國去了。

然而，秦軍行至半途，路過晉國的崤山時，中了晉軍的埋伏，全軍覆沒，孟明視、西乞術和白乙丙三位將領也被活捉了去。

【智慧悟語】

弦高真可謂智勇雙全。這個牛販子在國家處於生死存亡的危急時刻，挺身而出，假扮鄭國使者，用謀略和勇氣打消了秦軍偷襲鄭國的意圖，因而保全了鄭國。弦高的一番話真能抵得上萬千軍馬，若是沒有弦高，亡國的必然是鄭國，而非滑國。弦高智救鄭國的故事因此流傳為千古佳話，為後人所傳誦。

═ 留遺言蘇秦自報仇 ═

自從蘇秦提出「合縱」之策，六個國家開始建立合縱聯盟，共同抵禦秦國。之後，蘇秦又將六國合縱盟約送給秦王。秦惠王大驚，深知若是六國聯盟，秦國就永遠沒有機會統一天下，忙召集群臣商議如何破壞六國之約，最後商就一

第六章　緊急應變篇

計：秦國以割地送禮為條件，誘使齊國和魏國與秦國共同發兵，攻打趙國。趙王見齊魏兩國，背信棄義，破壞盟約，勃然大怒，遷怒於蘇秦。

　　蘇秦受到譴責，十分不安，便請求趙王去燕國活動，並保證一定會讓齊國和魏國受到報復，趙王同意了。期間，秦惠王還將女兒嫁給了燕國太子，以疑各國之心。蘇秦剛到燕國，燕文侯去世，燕易王繼位，任命蘇秦為相國。齊國趁著燕國為燕文侯發喪，派兵攻打燕國，奪取燕國十座城池。燕易王十分生氣，責備蘇秦道：「先王在世的時候，大力支持您周遊列國，推行合縱計畫。可現在先主屍骨未寒，齊國就奪我城池，屠我百姓。這都是您一手造成的。」蘇秦惶恐不安，跪地叩首道：「臣願意出使齊國，對其曉以利害，使之歸還燕國的城池。」

　　蘇秦到了齊國，對齊宣王說：「燕王是齊國的盟友，又是秦國的愛婿，大王現在奪取燕國十座城池，便和秦國結下仇恨，得十城而得罪秦、燕二國，實在不明智。大王不如將十座城池歸還燕國，以與秦、燕二國重修舊好，如此一來，您又得新盟友，可以號令天下，還有誰敢不服？」齊宣王大悅，當下下令將十座城池割交給燕國。

　　燕易王的母親，雖是徐娘半老，但風韻猶存，皮膚嬌嫩，宛如少女。她平日素愛蘇秦的儀表和才華，常以各種藉

口，遣左右召蘇秦入宮，與他聊天談笑，關係十分曖昧。時間長了，燕易王有所察覺，但顧忌到母親顏面，並不明言。蘇秦對此心知肚明，以後燕易王之母屢召蘇秦入宮，蘇秦心懷恐懼，以各種藉口推辭不去。

蘇秦為了明哲保身，就對燕易王說：「燕國與齊國實力相當，燕國最終無法吞併齊國，臣願意入齊，亂齊朝政，使齊國內外失和，激起民怨，大王便有機可趁。」燕易王對齊國奪城之恨始終無法釋懷，此時聽了蘇秦一番話，頓時來了興趣，問道：「計將安出？」蘇秦說：「臣假意得罪燕國，然後逃往齊國，齊王必會重用臣，臣便能離間齊國，使燕國受益。」燕易王點頭稱善，遂收了蘇秦的相印。蘇秦連夜奔赴齊國。

齊宣王素來傾慕蘇秦之才，如今蘇秦主動來投奔，十分高興，拜他為客卿。蘇秦聰明絕頂，知齊宣王之好惡，便投其所好，齊宣王喜歡收集奇珍異寶，蘇秦便鼓動他厚斂於民；齊宣王好色，蘇秦便為他遴選身姿曼妙的美女。相國田嬰和客卿孟軻看出蘇秦心懷歹意，欲亂齊而使燕得利，遂極力勸諫齊宣王殺了蘇秦，齊宣王不聽。

齊宣王薨逝[154] 後，蘇秦勸說繼位的齊湣王，大肆鋪張，厚葬齊宣王，以向天下顯示他的孝順。同時，蘇秦還讓齊湣王大興土木，建造宮殿，顯示齊國的富有。齊國大臣十分痛

---

154 薨（ㄏㄨㄥ）逝：古代稱王侯之死。

第六章　緊急應變篇

恨蘇秦，暗中募招義士，懷揣匕首，刺殺蘇秦。蘇秦被刺中腹部，血流不止，蘇秦用手捂住傷口，逃入宮中，告訴了齊湣王。齊湣王素來十分寵信蘇秦，現在有人膽敢殺他，不由勃然作色，派人捉拿凶手，但凶手早就逃之夭夭，去向不明，哪裡還能抓到。

蘇秦臨死前，對齊湣王說：「臣死之後，請大王將臣五馬分屍，並昭告天下說：『蘇秦來齊國是為了離間齊國，今天有人替寡人除去大患，寡人一定要重賞那位勇士。如有知情者，請速來稟報，賞以千金。』如此一來，便能拿住殺我的凶手。」說罷，氣絕而亡。

齊湣王依蘇秦之言，在鬧市中將蘇秦五馬分屍。不多時，有人路過此地，看見張貼在牆上的榜文，便向看熱鬧的人自誇道：「殺蘇秦者，正是在下。」左右官吏一聽，帶他去見齊湣王，齊湣王命人用酷刑鞫[155]訊，得知背後主使之人，誅其全族，替蘇秦報了仇。

【智慧悟語】

蘇秦出身於社會底層，卻能聯合六國結盟，抗拒秦之統一，這說明蘇秦的能力確實超於常人。蘇秦知道趨利避害是人之本性，因而能巧妙抓住人性這一弱點，在

---

155 鞫（ㄐㄩˊ）訊：審問犯人。

自己身死之後，設下計謀，自報其仇，其心機之深，才智之高，令人嘆服！蘇秦從政的最終目的，是為了追逐名利，最後卻因違背時勢，落了個被殺的下場，未免令人可惜。但他的自信和機敏還是值得後人學習的。

鴻門宴樊噲救劉邦

午後白日飄西的鴻門[156]正在舉行一場盛大的宴會，主客雙方分別為楚王項羽、沛公劉邦。

宴會上一名精壯的男子正手握長劍翩翩起舞，時而如九天雷霆之震動，時而如長風千里之怒號，時而如蛟龍鬧海之狂濤，時而如翻江河之清光，他的人和劍是那樣的行雲流水、飄灑自如，劍影如夢如幻斑駁地交織在劉邦臉上。

「項莊，最近武藝見長啊，讓叔來陪你練會兒。」隨著一聲爽朗的招呼，一名虯髯大漢肩扛長劍跳到了劉邦案前，此人正是項伯。

軍門外，偷偷溜出來的張良找到了劉邦的心腹樊噲。

「裡面情況如何？」樊噲問道。

「情況十分危急，現在項莊正在宴會上舞劍，招招都是衝著沛公來的。」

---

156 鴻門：秦朝都城咸陽郊外（今陝西省西安市臨潼區新豐鎮鴻門堡村）。

第六章　緊急應變篇

「這太危險了，請讓我進去，我樊噲要和沛公同生共死。」

說罷樊噲便持盾提劍闖入了軍門，項羽的持戟衛士擋在樊噲要去的路上，樊噲便拿著盾一路撞了過去。宴會上，樊噲掀開帷帳突然間闖了進來，舞劍的人都停了下來，樊噲瞪著項羽，怒髮衝冠，眼眶似乎都要開裂了。項羽挺身按劍問道：「來者何人？」左右紛紛拔出武器，一時間刀劍的寒光照亮了營帳，宴會的氣氛緊張到了極點。

這時張良起身回答說：「這是劉邦的參乘[157] 樊噲。」

項羽哈哈大笑道：「真壯士，賞酒。」於是各自刀劍入鞘，項羽手下給樊噲拿了一卮[158] 酒，樊噲拜謝後起身站在那一口氣把酒喝光了。項羽道：「再賞你一彘[159] 肩。」手下便給樊噲拿了一隻沒煮熟的豬腳，樊噲把盾放在地上，把豬腳放在盾上，拔出劍來切了就吃。項羽讚賞道：「真漢子，能再喝一杯嗎？」

樊噲正色道：「臣連死都不怕何況區區一杯酒！當年秦王有著如虎似狼一樣的心腸，殺人唯恐殺不乾淨，折磨人唯恐用不盡酷刑，天下人都反叛了他的統治。楚懷王和諸位將軍約定：『最先破秦入駐咸陽的封為王。』而現在沛公最

157　參乘：亦作「驂乘」，古時乘車，坐在車右擔任警衛的人。
158　卮（ㄓ）：古代盛酒的器皿，圓形，容量四升。
159　彘（ㄓˋ）：即豬的意思。《西山經》曰：「竹山有獸焉，名曰毫彘。」

先破秦打入咸陽，卻一絲一毫也不敢動用，封閉了秦國的宮
殿，自己把軍隊遷到了灞上，等著大王你的到來。還特意派
人守住函谷關，防備各方的盜賊與其他意外情況。如此的勞
苦功高卻沒有封候的賞賜，一聽說讒言就要誅殺有功之人，
這不過是秦敗亡的延續罷了，臣私底下認為這不應該是大王
你要做的事！」

　　座上項羽無話可應，便讓樊噲坐了下來。坐下沒一會兒
沛公起來上廁所，便招樊噲一起出去了。

【智慧悟語】

　　樊噲不僅是豪氣沖天、忠勇威壯的猛士，而且機變
之能也無人能及。鴻門宴上萬分危急的關頭，主公劉邦
命懸一線，樊噲執盾闖營，面對戰爭狂人項羽極其磨刀
待割的部屬樊噲沒有絲毫怯意，給酒就喝，賞肉就吃，
反而讓項羽欣賞不已。機智的樊噲給人以粗獷的假像，
敵營裡正確分析形式，為劉邦澄清真相，堵上了諸般不
利於劉邦的藉口，挫敗了項羽的陰謀，使劉邦順利逃脫
虎口。

第六章　緊急應變篇

═ 陳平渡江脫衣保命 ═══════════

　　陳平是陽武縣[160]戶牖[161]鄉人，西漢開國功臣，曾輔佐漢朝三代君王，官至丞相。

　　陳平年輕時，家境貧寒，但他喜歡讀書，常常手不釋卷。陳平和哥哥陳伯住在一起，陳伯十分心疼弟弟，平常都是他在家種地，攢錢送陳平外出求學，但陳平的嫂子為此感到萬分不悅。陳平身材高大，美如冠玉。一次，有人見他相貌堂堂，便出言相戲道：「你家素來貧寒，沒什麼好的食物，為何長得這般高大健碩？」當時，陳平的嫂子正在旁邊，代陳平說：「他能有什麼美食，吃的不過是一些米糠[162]罷了。有這樣從不勞動的小叔子，還不如沒有。」聽了嫂子的一番嘲笑，陳平羞愧得面紅耳赤，恨不得找個地縫鑽進去。恰巧，陳伯經過此處，聽到了妻子所言，怒斥她居心不良，離間兄弟，當即將她休回母家。陳平慌忙勸解，但陳伯是個強脾氣，決意不從，竟然將妻子驅逐出門。

　　陳平素日不事生產，年及弱冠，尚未結親，富有人家嫌他家貧，不願意將女兒嫁給他，就連貧窮人家也不願與陳家聯姻。當時，張負的孫女，五次嫁人，五次喪夫，鄉里傳聞她生來剋夫，所以沒有人再敢娶她。唯有陳平見張家多財，

160　陽武縣：秦置陽武縣，在今河南原陽東南。
161　牖（一ㄡˇ）：今河南蘭考縣東北。
162　米糠：是稻米加工中碾米工序得到的一種黃色的皮層，它是稻米果實的皮層。

張女又貌美如花，宛若仙女，想娶她為妻，卻苦於無人替他作媒。

恰逢鄉里有人去世，陳平去幫忙料理喪事，忙裡忙外，格外出力。恰巧，張負也在喪家弔唁，見陳平品貌不凡，辦事周到，一眼就看中了他。過了幾日，張負特意去了一趟陳平家中，雖是家徒四壁，但門外卻有貴人車輛留下的車轍。張負當下心中就有數了，馬上回家與兒子張仲商議道：「我欲將孫女嫁給陳平。」張仲聽後堅決反對道：「陳平非常窮，平時只知道讀書，不事生產，人們都看不起他，您為什麼偏要把孫女嫁給他呢？」張負撚鬚笑道：「陳平豐儀出眾，美如婦人，非同常人，他一定會有富貴那天的。」就這樣，張負將孫女嫁給了陳平。因為陳平家窮，張家就出資為張平辦了婚事。張負還叮囑孫女說，不要因為陳平家窮，就輕慢了他的家人。陳平自從娶了張女，經濟上逐漸寬裕，交遊更廣了，鄉里的人對他也開始另眼相待。

一次，鄉里祭祀土地神，待祭祀已畢，陳平為鄉民們分割祭祀用的肉。他將肉一塊塊分得大小一樣，父老交口稱讚道：「好一個陳平，分肉都這麼公平！」陳平聞言嘆息道：「如果我有機會治理天下，一定也會像分肉一樣公正！」

後來，陳平投到項羽帳下，跟隨他南征北戰。項羽在彭城稱王後，殷王反叛楚國，陳平奉項羽之命，成功地勸說

第六章　緊急應變篇

殷王重新歸順項羽。項羽大喜，賞賜陳平黃金二十鎰[163]。後來，劉邦攻打殷王，殷王又投靠了劉邦。項羽得知後大怒，欲遷怒於陳平，陳平暗中得知後，連夜出營，想偷渡黃河，去投奔劉邦。

陳平來到黃河邊，輕聲喚來一隻船。陳平當時就覺察到情況有些不妙，因為船中有四五個人，都是粗蠻大漢，正考慮要不要上船，但轉念一想，此時不走，待項羽發現他不在營地，定會派兵來追，到那時，想走也來不及了，只好上了船。

小船離岸，飛速駛去，陳平雖然剛脫離險境，但新的危機馬上就來了。只見船上幾個大漢竊竊私語，互遞眼色，流露出不懷好意的舉動。陳平心中一驚，暗想道：難不成他們懷疑我身藏珠寶，想要謀財害命不成？我獨身一個，只有一把劍，怎能敵過數人呢？我如何才能脫險呢？這時，船速逐漸慢了下來，陳平知道他們就要動手了，情急之下，他想出一條妙計。

陳平站起身來，走出船艙，對幾個大漢說：「船艙裡好悶熱啊！」一邊說，一邊從容解下寶劍，脫掉外衣，赤裸上身，幫他們搖船。他們見陳平確實沒有什麼寶物，也就打消了謀害他的念頭。

---

163 鎰（一ˋ）：古代重量單位，合二十兩。

　　船很快就駛到了對岸，陳平將衣服穿好，拿了寶劍，付了船錢，跳上了河岸。

【智慧悟語】

　　陳平在如此險境下，深知自己勢單力薄，如果硬拚，肯定會被船家殺害。假如一個迂腐之人遇上此事，一定會講一番大道理與船家理論，結果肯定會激怒對方，甚至狗急跳牆，以刀兵相見，後果不堪設想。而陳平則脫衣示無，還主動幫他們搖船，成功打消了對方的懷疑，足見陳平之機智。成大事者，泰山崩於前而面不改色。尤其是面臨比自己強大的敵手時，如果有一絲慌亂，必然會陣腳大亂，受制於人，結果以失敗收場。所以在危機面前，一定要保持一顆清醒的頭腦，才可能瞬間找出對手的破綻，找到破解之法。

═ 李廣解鞍智退胡騎 ═

　　李廣是成紀[164]人。他的祖先李信是秦朝時期的將軍，曾經追隨燕國太子丹。李廣出生將門，他家世代傳習箭術。

　　漢文帝十四年（西元前一六六年），北方匈奴大舉入

164　成紀：今甘肅秦安縣。

第六章　緊急應變篇

侵，一路搶掠殺戮，前鋒已至蕭關[165]，李廣以平民子弟的身分參軍抗擊匈奴。李廣擅騎馬、精射箭，以一當十，百發百中，射殺了很多匈奴兵，很快被任命為中郎[166]。李廣曾隨孝文帝出行，每有上陣殺敵、野外射獵的時候，李廣必然奮勇當先。孝文帝對李廣感慨道：「你真是生不逢時啊！你若有幸生在高祖時代，早就是萬戶侯了！」

漢景帝繼位不久後，吳、楚反叛，李廣跟隨太尉[167]周亞夫攻打叛軍。李廣在此戰中，勇猛非凡，親自砍倒叛軍的帥旗，從此聲名鵲起。後來，有人向漢景帝進言道：「李廣之才，古今罕見，但他卻自恃悍勇，每次與敵人交戰時，都以死相拼，如果有什麼閃失，豈不叫人痛心。」漢景帝想了想，覺得很有道理，便任命李廣為上郡[168]太守。

沒過多久，匈奴蠢蠢欲動，舉兵大肆侵入上郡，漢景帝派來一名宦官，隨軍觀摩李廣練兵，學習軍事技能，抗擊匈奴。一日，宦官親率十幾名騎兵，在野外縱馬飛奔，練習騎術。正當騎興正濃時，宦官遠遠看見有三個人不時朝這邊張望，疑竇重生，縱馬趕上，卻發現是三個匈奴人，當下扯著公鴨嗓子大喊道：「左右還不快與我拿下！」話音未落，三

165　蕭關：分有漢蕭關、唐蕭關、宋蕭關，位於關中以北，今中國寧夏固原縣東南，與武關、潼關、大散關並稱為「關中四關」。
166　中郎：官名。郎官的一種。即省中之郎，為帝王近侍官。
167　太尉：中國秦漢時中央掌軍事最高官員。
168　上郡：在今陝西榆林市南。

個匈奴人突然回身射箭。匈奴人用的都是強弩硬弓，威力巨大，箭無虛發，立時，宦官身邊的騎兵紛紛中箭落馬，宦官大驚，策馬欲逃，卻聽到身後傳來一聲弦響，頓覺左臂傳來一陣劇痛，低頭看時，箭穿臂而過，血流如注，只好咬著牙，俯低了身子，慌忙逃走。回到營地，宦官驚魂未定，把方才與匈奴人交戰的情形，和李廣敘說了一遍。

李廣聽後，思慮道：「這三人肯定是來刺探軍情的，絕不能讓他們逃脫。」當即清點了百名精銳騎兵，各自騎了一匹快馬，前去追趕那三個匈奴人。疾馳幾十里後，李廣便發現了那三個匈奴人。他們沒有騎馬，徒步狂奔，李廣命令騎兵左右分成兩路，將他們包圍起來。他要親自射殺那三個人。最後射死一人，俘虜一人。李廣命人將他捆上馬背，準備帶回去。突然看見遠處塵土飛揚，馬蹄聲四起，竟然是幾千名匈奴兵。匈奴兵也看到了李廣，大吃一驚，以為是誘敵騎兵，當即停住，擺開陣勢，觀察李廣的動靜。

李廣手下的騎兵大為驚恐，欲回馬奔逃。李廣阻攔道：「我們離營地幾十里遠，一旦逃跑，匈奴一定會來追趕，到時候誰也跑不掉！如果我們不跑，他們一定會以為我們是來誘使他們入圍的，必然不敢攻擊我們。」說罷，命令騎兵前進，騎兵不敢違抗主將之令，一齊衝到離匈奴陣地還有兩里遠的地方停了下來，李廣又命令全體騎兵下馬解鞍。騎兵們

第六章　緊急應變篇

不解地問道：「現在敵眾我寡，而且他們離我們這麼近，若是他們突然發動進攻，我們該當如何？」

李廣輕鬆一笑說：「那些匈奴兵以為我們會逃跑，現在我們解下馬鞍，他們必然會以為我們是在誘敵了。」匈奴騎兵看到漢軍全部解下馬鞍，果然遲疑不決，不敢來攻。雙方相持到半夜，匈奴騎兵擔心會中了漢軍的埋伏，悄悄地退了兵。第二天早上，李廣才率領騎兵，順利返回營地。

四年後，匈奴兵攻入雁門關[169]。李廣率軍攻打匈奴，旗開得勝，幾戰幾捷。匈奴素聞李廣的威名，知道他精通兵法，不易勝他，便調集大軍，一路埋伏，專等李廣前來，誘他入圍，將其生擒。待李廣與匈奴兵遇上後，雙方一陣大戰，匈奴兵佯裝大敗，撤陣潰逃。李廣膽子也確實夠大，明知猛追窮寇，是兵家大忌，他卻自持驍勇，窮追不捨。眼看就要追上匈奴兵了，突然一聲炮響，四面伏兵皆起，潰逃的匈奴兵也回馬殺到，一起來戰李廣。李廣雖然武藝高強，可終究是寡不敵眾，直到手下士兵被殺光、自己也力竭後，竟被生擒。匈奴將士，擒住了李廣，自然滿心歡喜，將他綁在馬背上，押回邀功。

李廣自知此去凶多吉少，便靜定身心，閉目設策，大約走了幾十里後，聽到匈奴兵高唱凱歌，得意非凡，張目偷

169　雁門關：位於中國山西省忻州市代縣縣城以北約二十公里處的雁門山中，是長城上的重要關隘，與甯武關、偏關合稱為「外三關」。

窺，身邊有個少年匈奴兵，騎著一匹好馬，當下就有了脫身之計。李廣用力掙斷繩索，一躍而起，穩穩當當地騎在了那個少年匈奴兵的馬背上，把他推落馬下，奪得弓箭，策馬向南奔逃。匈奴兵見李廣逃跑，回馬急追，卻被李廣射死幾人，最後終於逃離險境，平安回到營地。

　　從此，李廣威名傳遍天下，匈奴更是懼怕他，稱他為「漢朝的飛將軍」，不敢輕易和他交鋒。

【智慧悟語】

　　李廣不僅作戰勇猛，而且富有韜略，唐朝邊塞詩人王昌齡在詩中寫道：「但使龍城飛將在，不教胡馬度陰山」，他將李廣看做漢朝邊塞的長城。李廣下馬解鞍退胡騎，運用的是心理戰術。在己方無法脫身的情況下，故意向敵人暴露我方無法據守，也就是所謂的「虛者虛之」。這會使敵方產生懷疑，因而猶豫不前，這就是所謂的「疑中生疑」。古語云：「兵無常形，水無常勢。」若想展開心理戰，一定要了解敵方主帥的性格和心理特點，否則不可輕易出此險招。

第六章　緊急應變篇

第七章　落寞際遇篇

第七章　落寞際遇篇

═ 周幽王烽火戲諸侯 ═══════════

　　周宣王四十六年（西元前七八二年），周宣王去世，其子姬宮涅繼位，即周幽王。

　　周幽王繼位的第二年，西周都城鎬京附近的涇水[170]、渭水[171]、洛水[172]這三條河流的地區內都發生了地震。大夫伯陽甫推算說：「周朝氣數將盡，恐怕是到了該滅亡的時候了。天地自然之氣，都遵循著一個自然規律去運行。古人有言，如果它出現反常情況，必然是人為造成的結果。古時候，洛水枯竭不久後，夏朝就滅亡了；黃河乾涸後，商朝就滅亡了。一個國家的興衰存亡，往往依賴於山川河流，高山坍塌，河流枯竭，這是國家滅亡前的徵兆。上天的警示懲戒以十年為週期，上天想要拋棄哪個國家，十年之內，它肯定會滅亡。」伯陽甫一語成讖。這一年，涇水、渭水、洛水枯竭，岐山[173]崩塌。

　　周幽王有一個非常寵愛的妃子，名字叫褒姒。他想廢掉太子，改立褒姒的兒子為太子。伯陽甫讀了相關歷史，悲嘆道：「看來周朝真的要滅亡了！」原來史書上記載：夏朝末

170　涇水：位於陝西省關中平原中部，是黃河中游兩大支流。
171　渭水：是黃河的最大支流。發源於今甘肅省定西市渭源縣鳥鼠山，主要流經今陝西省關中平原的寶雞、咸陽、西安、渭南等地，至渭南市潼關縣匯入黃河。
172　洛水：黃河下游南岸大支流。位於河南省西部。
173　岐山：今位於陝西省岐山縣。

年，有兩條神龍在空中盤旋良久，隨著一陣吟嘯之聲，降落在夏朝的宮殿裡，自稱是褒國的兩位天子。夏帝知道龍是神物，不敢怠慢，馬上命人占卜，想知道如何對待牠們。

卜者告訴夏帝說，這兩條龍不吉利，既不能趕走牠們，又不能殺牠們，更不能把它們留在宮中，只要將牠們的唾液收集起來，便可化凶為吉。夏帝馬上命人擺設祭壇，焚香獻貢，宣讀簡策，告知神龍。二龍突然口吐唾液，之後，天色突變，風雨大作，二龍騰空而起，瞬間飛得沒了蹤跡。夏帝命人用金盤將龍的唾液收集起來，裝在匣了裡面，封存起來。

夏朝滅亡後，這個匣子傳給了商朝，商朝滅亡後，又把匣子傳給了周朝。在這三代當中，誰也不敢打開這個匣子。後來，周厲王聽說關於匣子的傳說後，十分好奇，偷偷地打開匣子看了看。豈料，周厲王一時失手，匣子掉在了地上，龍的唾液灑了出來，橫流一地。片刻工夫，唾液開始凝聚在一起，化作一條小蜥蜴，在殿中來回爬動，內侍大聲叫嚷，欲將牠驅趕出去。沒想到，那條小蜥蜴突然極速躥到周厲王的後宮，被後宮一個小婢女撞見了。結果，小婢女長大後，未婚先孕，生下一個女孩。她害怕別人知道此事，會宣揚出去，招致災禍，便把孩子扔掉了。

也是那個孩子命不該絕，正當她快要餓死的時候，被一

第七章　落寞際遇篇

對流亡的夫婦遇到。他們見孩子哭得嗓子嘶啞，十分可憐她就收養了她，一起逃到了褒國。女孩長大後，身材修長，烏雲鴉堆，唇紅齒白，有閉月羞花之容，傾國傾城之貌。後來褒國得罪了周朝，生怕周幽王派兵攻打，便將那個女孩進獻給周幽王，以求贖罪，她就是褒姒。

幽王三年（西元前七七九年），褒國將褒姒送到周朝。周幽王馬上宣褒姒入殿覲見。待褒姒行禮已畢，周幽王仔細端詳她，只見她身著一襲素衣，婀娜多姿，流眄四顧，若愁若喜，光豔照人。周幽王龍顏大悅，當即宣詔，將褒姒納入後宮，夜夜笙歌，從此不再理朝。後來，褒姒替他生了個兒子。周幽王極其鍾愛此子，取名為伯服。遂廢掉了太子，改立伯服為太子。伯陽甫仰天長嘆道：「大禍馬上就要降臨了，周朝馬上就要滅亡啦！」

褒姒生性不愛笑，整日滿面愁容。周幽王為博美人一笑，下令說：「凡是能使褒后一笑者，賞賜千金。」重賞之下，必有勇夫。次日便有大臣向周幽王獻計道：「先王在世時，擔心西戎會來進犯，所以在邊境修建烽火臺，凡是有敵寇來侵，守軍便會點燃烽火。附近諸侯看到烽火臺上的狼煙後，便會發兵相救。如今正是太平盛世，多年沒有戰爭，烽火臺廢棄不用。如果大王想讓褒后啟齒一笑的話，何不趁夜點燃烽煙，到時候，諸侯必會帶兵前來救護，而等他們來

的時候，卻不見一個敵寇，褒后必然會開懷大笑。」

周幽王大喜，便決定依言而行。等到了晚上，帶著褒姒等上烽火臺，命人點燃烽火，頓時狼煙四起，火光沖天。附近的諸侯看到後，以為有敵寇進犯，急忙檢點兵馬，連夜趕到鎬京，卻發現城內燈火通明，鼓樂喧天，不見一個敵寇，十分納悶，一打聽才知道是周幽王為了討褒姒的歡心，故意戲弄他們。各路諸侯汗流浹背，狼狽全極，卻是敢怒不敢言，只好收兵而回。褒姒見狀，不禁樂得撫掌大笑。周幽王見褒姒一笑，更是美若天仙，百媚俱生，不禁大喜，重賞了那個獻計的大臣。為了再博褒姒一笑，周幽王一次又一次點燃烽火，戲弄諸侯。

申侯是被廢掉王后的父親，廢太子也是王后所生。為此，申侯十分痛恨周幽王，又見他任用奸臣，戲弄諸侯，遂聯合繒國[174]和西戎部落，共同發兵進攻周朝。周幽王聞訊大驚，忙命人點燃烽火，向諸侯求救。但諸侯以為周幽王又再戲弄他們，沒人發兵援救。申侯很快攻下了鎬京，殺了周幽王，俘虜了褒姒，把周朝的珍寶席捲一空，西周由此而亡。

西元前七七〇年，各路諸侯與申侯，共同擁立原太子宜臼為王，他就是周平王。周平王繼位後，為了防止外族的侵擾，將都城遷到了洛陽。從此，中國歷史進入到了春秋時期。

---

174 繒（ㄗㄥ）國：是夏朝國君少康次子曲烈的封國，因始封地名為「鄫」而得國名。故城遺址位於今山東省蒼山縣卞莊鎮西北十六公里處。

第七章　落寞際遇篇

【智慧悟語】

自古紅顏多禍水，但禍不在女色本身，而是當權者對女色的貪婪。貪念一起，則信義盡喪，利令智昏，任由他人擺布，結果失去江山，賠上性命。周幽王為了博得褒姒一笑，竟然做出「烽火戲諸侯」的荒誕事情，結果雖然褒姒笑了，但他因此失去了信義，丟了性命，代價也太大了。人無信不立，國無信不昌。這是一條立身處世的至理名言，無論在什麼時候，守信與否，將決定一個人的成就的大小。

═ 衛懿公好鶴遭亡國 ═

衛懿公，名赤，是衛惠公之子，衛國第十八代國君。他出生於王侯之家，自幼錦衣玉食，生活奢靡，對民間疾苦一無所知。繼位以來，終日只知縱酒享樂，不恤國政。

衛懿公喜好養鶴，鶴的羽毛潔白，雙腿纖細，露眼赤睛，頸項柔韌，亭亭玉立而善舞，常常讓他如癡如迷。不論在宮殿還是苑囿，隨處可見那些意態悠閒的白鶴。古語云：「上有所好，下必甚之。」許多求官邀寵的官吏，投其所好，四處捕鶴，進獻給衛懿公。衛懿公按照品格、體姿，將所養之鶴封以品秩，供以俸祿。衛懿公每次出遊時，將鶴分班隨

從,用華貴的馬車載之,前呼後擁,人聲鶴鳴互相交織,好不熱鬧,自稱為「鶴將軍」。專門養鶴之人,也有豐厚的俸祿,導致國庫空虛,沒有錢財,衛懿公便下令向百姓征斂,全然不顧百姓的死活,民眾飢寒交迫,怨聲載道。

衛懿公養鶴成癮,荒廢國政,橫征暴斂的消息傳到了北狄國[175]。當時的北狄國兵強馬壯,國力強盛,北狄王正為無獵可狩而發愁,於是親率精銳騎兵,浩浩蕩蕩地殺向衛國。衛懿公正欲載鶴出遊,忽有人來報:狄人率軍進犯我境!衛懿公大驚失色,馬上下令征軍,準備抵抗。百姓聞訊,皆躲避於村野,不肯從軍。衛懿公心急如焚,召集群臣商議禦敵之策。群臣說:「大王若是肯起用一物,便可退敵。」衛懿公忙問道:「是何物?」群臣齊聲答道:「鶴!」衛懿公勃然大怒,喝道:「鶴乃賞玩之物,如何能上陣殺敵呢?」群臣說:「鶴既然無法抵抗敵寇,就是無用之物。大王您為了養鶴,巧取豪奪,為鶴加封供俸,不恤百姓,他們自然不會為您效勞。」

衛懿公悔不當初,流著眼淚說道:「寡人知錯了,也不知道是否還有挽回的機會。」遂命人將鶴驅散,群臣分頭來到街市,向百姓講述衛懿公願意悔過,不願當亡國之君,這才有些百姓願意充軍。

---

175 北狄國:今大同一帶。

第七章　落寞際遇篇

　　衛懿公將朝中大事託付給大夫石祁子，然後親自率領將士迎敵，發誓不滅狄人，絕不還朝。然而由於衛兵平日就缺乏訓練，不願意為衛懿公賣命，人心渙散，怨言不斷。等到與狄軍遭遇後，狄人詐敗而逃，衛懿公貿然輕進，結果中計，衛軍被截成數段，人人各自為戰，無法相顧，衛兵本來就無心作戰，見狄人個個勇悍非凡，心生懼意，紛紛丟盔棄甲，四處逃命，衛懿公被剁成了肉泥，衛軍全軍覆沒。狄人很快就占領了朝歌，大肆屠殺城中的百姓，將金銀財寶，劫掠一空。

　　公子申在親信的保護下，連夜出逃，狄人聞聽衛人已逃，忙縱兵去追，幸虧宋桓公帶兵前來接應，狄人這才罷兵，公子申倖免於難。在宋桓公的幫助下，公子申被立為國君，是為衛戴公，在野外用草造屋暫住曹地 [176]。史稱「廬於曹」。

　　朝歌被狄人占據後，衛大夫弘演去為衛懿公收屍，但見血肉狼藉，屍體四肢零落不全，只有一隻肝尚完好。弘演號啕大哭，對肝再三叩拜，哽咽道：「主公一生享盡榮華富貴，死後卻無人收葬，連個棺木也沒有，就以臣身體作為棺木吧！」說罷，拔刀自剖其腹，手取懿公之肝納入腹中，須臾而死。從者依言將弘演的屍體當作衛懿公的棺木，草草掩埋。

176　曹地：今滑縣口鎮東。

　　經過與狄人的戰爭後，衛國雖得以復國，但昔日大國的風采已不在，淪落成為一個小國。

【智慧悟語】

　　衛懿公為了一己之好，橫征暴斂，愛鶴超過愛國，故國破身亡，實屬咎由自取。古語云：「水能載舟，亦能覆舟。」衛懿公身為一國之主，視百姓不如禽獸，總以為對百姓的種種行為是理所應當的，這真是異想天開。當有外敵入侵，他的國家和政權岌岌可危，這才想到了他的百姓，可誰願意冒著生命危險，保衛一個昏庸的君王呢？一個眼中只有鶴的君王，他的國家注定無法長治久安，因為他喪失了最基本的德行。

═ 扁鵲為齊桓侯治病 ═

　　扁鵲原名秦越人，戰國時期齊國盧邑[177]人。其實，扁鵲是上古時代一位名醫的名字，秦越人比他晚生了兩千多年，只因秦越人醫道高明，因此人們尊稱他為「扁鵲」。

　　扁鵲一生周遊天下，救人無數。一次，扁鵲經過魏國，魏文王慕名相邀，請他到宮中一敘。魏文王問扁鵲說：「寡人

177　盧邑：今山東長清。

第七章　落寞際遇篇

聽說你們兄弟三人都精通醫道，到底誰的醫術最高明呢？」扁鵲毫不猶豫地說：「大哥的醫術最高，二哥次之，我最差。」魏文王疑惑地說：「你說你兩位兄長的醫術皆在你之上，但為什麼你名氣最大呢？」

扁鵲說：「我大哥治病，是在病情發作之前，那時候患者還不知自己有病，但大哥用藥祛除了病根，致使人們不相信他的醫術，所以他沒有名氣，只有我們家的人對他十分尊敬。我二哥治病，是在病發之時，症狀不太明顯，患者也不覺得痛苦，二哥便能藥到病除，所以鄉裡的人都認為他只能治療一些小病。我治病，都是在病情嚴重之時，這時，人們就會看到我用針刺穿經脈放血，或在患處敷藥，或動大手術，減輕患者的痛苦或者徹底治癒，所以我才能揚名天下。」魏文王恍然大悟。

還有一次，扁鵲去謁見齊桓侯。禮畢，扁鵲仔細觀察齊桓侯的面容，然後對他說：「大王腠理[178]有病，若是不及早治療，病情恐怕會越來越嚴重。」齊桓侯不以為然地說：「寡人身強體健，從來沒得過什麼病，也不用治療。」扁鵲告辭後，齊桓侯對左右說道：「這些醫生總喜歡在健康的人面前賣弄自己的才能，以顯示他的醫術的高明。寡人才不信這些呢。」

178　腠（ㄘㄡˋ）理：即肌肉和皮膚的紋理。腠，指肌肉的紋理，又稱肌腠，即肌纖維間的空隙；理指皮膚的紋理，即皮膚之間的縫隙。

扁鵲為齊桓侯治病

五天後，扁鵲再次拜見了齊桓侯。他仔細觀察了齊桓侯的面容後，說：「您的病已經滲透到血液裡面了，如果不及時治療，會更加嚴重。」齊桓侯仍然不相信，對扁鵲的態度開始變得冷淡起來了。

又過了五天，扁鵲第三次去拜見齊桓侯。他照例看了看齊桓侯的面容，說：「您的病已經到了腸胃裡面，倘若再不及時治療，病情會繼續惡化。」齊桓侯面露不悅之色，更加不相信扁鵲的話了。

照舊又過了五天，扁鵲第四次去拜見齊桓侯。他看了一眼齊桓侯，立刻告辭而走。齊桓侯十分奇怪，暗想：他這次為何不說寡人的病呢？便派人去問扁鵲原因。扁鵲說：「一開始齊桓侯的病只在腠理，用湯藥清洗，就很容易治癒；稍後他的病到了血液裡，用針放血，然後用藥敷患處，也可以痊癒；後來，齊桓侯的病到了腸胃，堅持服用幾副草藥，也能徹底袪除病根。可現在他的病已入骨髓，我也無能為力了，所以只好不言而退。」

五天後，齊桓侯突然病倒在床，渾身疼痛難忍，宮中一幫御醫皆束手無策。齊桓侯這才相信扁鵲所言非假，馬上派人去請扁鵲來給他治病，但扁鵲為了防止帶來災禍，早就逃往秦國去了。齊桓侯求生無望，最後在病痛的折磨中死去。

第七章　落實際遇篇

> 病理如此，我們身上的缺點也是如此。小的毛病如果不及時改正，防微杜漸的話，就會逐漸發展成大的錯誤。諱疾忌醫顯然是不明智的，因為很多時候，一些大的病痛都是一些小毛病引起的。同理，當別人指出我們身上的缺點，如果我們不能及時反省並改正，依然我行我素，那麼等釀成大禍的時候，將無藥可救。時刻反省、修正自己才是明智的態度。

智專諸獻魚刺王僚

專諸，春秋時吳國堂邑[179]人氏，家境貧寒，從小好惡鬥，力敵萬人，但他從不恃強凌弱，見有不平之事，必會挺身而出，出死力相助，在當地頗有名聲。

當時，楚國人伍子胥之父、時任太子太傅[180]的伍奢，受到佞臣費無忌的誣陷，和其長子伍尚一同被楚平王殺害。伍子胥逃往吳國避難，聽說專諸的名聲後，十分仰慕，便登門造訪。專諸生性好客，將伍子胥迎進屋內，兩人把酒言歡，意氣相投，當下歃血誓盟，結成八拜之交。專諸為伍子胥

179　堂邑：今南京市六合區西北。
180　太子太傅：官名。古代帝王的輔佐官。

蒙受冤屈而不平，對他說：「你我二人已結為義兄弟，情同手足，如果有用得著的地方，請儘管開口。」伍子胥欣然答應，當晚留宿在專諸家中。

　　次日，伍子胥與專諸辭別，開始了吹簫乞食的生活。後來經過各種苦難和波折，伍子胥得以見到吳國君主王僚，並被委以重任。一次，伍子胥勸說王僚攻打楚國。公子光得知後，對王僚說：「大王，伍子胥的父親和兄長都是被楚王殺害的，所以他才會勸說您攻打楚國。他這麼做，是完全為了替父兄報仇，根本就沒為您考慮啊！」王僚聽後，覺得公子光說的很有道理，便沒同意伐楚的事情。伍子胥深知公子光有殺王僚、自立為君之心，便把專諸推薦給公子光。公子光結識專諸後，十分厚待他，日贈布帛食物，月送金銀財寶，又不時問候他的母親，專諸乃重情義之人，十分感激公子光的蒙養之恩，發誓要報此大恩。

　　公子光是吳王諸樊之子。諸樊有三個弟弟：大弟餘祭，二弟夷昧，三弟季札。諸樊一是遵循父命，二是知道季札賢明，所以故意不立太子，欲按照兄弟次序把王位傳下去，最後讓季札當吳國國君。等諸樊死了之後，王位傳給了餘祭。餘祭死後之後，又把王位傳給夷昧。但是等夷昧死後，季札卻不願意當吳國國君。於是，朝中大臣商議之後，擁立餘祭的兒子王僚做了國君。公子光心中不服，說：「如果按兄弟次

第七章 落寞際遇篇

序，季札應該是吳國國君；如果是將王位傳給兒子的話，我是諸樊的嫡子，理應是我公子光做國君。」所以，心生殺王僚之意，暗中羅織敢死之士，韜光待機。

吳王僚十一年（西元前五一六年），楚平王去世。王僚得知大喜，想趁著楚王剛死，朝政不穩，征討楚國。於是，他任命兩個弟弟掩余、燭庸為將，率領軍隊攻打楚國，又派季札前往晉國，觀察各諸侯國的動向，防止他們發兵助楚。豈料，楚國設計誘使吳軍孤軍深入，又斷了他們的後路，無法返回吳國。公子光聞訊大喜，對專諸說：「此次機會難得，我若不主動爭取，能有什麼所得呢？我公子光才是吳國的真正繼承人，如果我能當上國君，就算是季札回來，但木已成舟，他也無法廢掉我呀！」

專諸聽後，知道公子光殺王僚的時候到了，遂主動請命說：「我曾受過您的大恩，無以為報，所以，現在我願意替您殺掉王僚。只是……」專諸猶豫了一下，說道：「自古忠孝無法兩全，我若能成人之事，必將留名於後世，死又有何懼？但我一死，家中的老母由誰來奉養？」言罷，泣不成聲。公子光頗受感動，他跪地泣淚道：「先生，我公子光的身體，就是您的身體，其他事情，您就不用管了，我會像侍奉自己的父母一樣，照顧好你的家人的。」

次日，公子光入宮覲見王僚，議論了一會兒朝中要事

後，公子光便趁興邀請道：「大王，我家中有一個從太湖來的廚師，非常擅長烤魚。他烤的魚，味道鮮美異常。臣知道您喜歡吃魚，所以邀請您前去品嘗。」王僚含笑答應了。公子光在府邸周圍埋伏了甲兵，大備宴席。伍子胥率領百名敢死之士，在外接應。

王僚知道公子光對自己繼位心生不滿，此番赴宴恐怕會遭遇不測，但如果推辭不去，則顯得太過小氣，又轉念一想：我為君已有幾年，君臣名分早定，公子光膽子再大，也不敢殺我。但即便如此，他還是有些不放心，內穿鎧甲，帶領百名忠誠侍衛，又在皇宮到公子光府邸的路上，布滿了皇家衛隊。士兵們手持長矛，護衛森嚴。

王僚到了公子光的府邸中，開宴歡飲，酒酣耳熱之際，公子光佯裝足疾發作，藉故離席，躲入密室。專諸見公子光離去，便扮作廚師，端著一盤魚走了出來，準備進奉給王僚。專諸將盤放到王僚面前的一剎那間，突然抽出事先藏在魚腹中的魚腸劍，猛地刺向王僚。王僚此時吃得興起，全無防備，被劍刺穿鎧甲，透過後背。王僚大叫一聲，登時倒地身亡。事起太過突然，王僚的侍衛都驚呆了，但很快便反應了過來，將專諸團團圍住，刀戟並用，瞬間將專諸砍成肉泥。公子光見大事已成，帶領手下勇士，將王僚的侍衛全部誅殺。

第七章　落寞際遇篇

隨後，公子光馬上自立為吳王，他就是闔閭（ㄏㄜˊ ㄌㄩˊ）。專諸的兒子被闔閭封為上卿[181]。

【智慧悟語】

王僚性格剛愎自用，知進忘退，重利輕義，不恤百姓，因此導致臣子不滿，百姓憤恨。由此看來，公子光奪位稱王，在很大程度上是順應了民意。公子光登上王位後，禮賢下士，廣施仁政，天下百姓得以安居樂業。從闔閭的治國方略來看，他顯然是一位明君，而這也正是專諸所希冀的。這也說明，專諸不僅僅是一個有勇有謀的刺客，也是一位憂國憂民的義士。所以，他才願意捨命替闔閭刺殺王僚。

紙上談兵趙括誤國

趙惠文王去世後，太子孝成王繼位。

孝成王七年（西元前二五九年），秦國派出軍隊攻打趙國，兩軍在長平[182]對峙。當時，趙將趙奢已經死了，藺相如病危，趙王只好派老將廉頗統領趙國兵馬，抗擊秦國的軍隊。

181　上卿：古代官名。春秋時，周朝及諸侯國都有卿，是高級長官，分為上、中、下三級（即：上卿、中卿、下卿）。戰國時作為爵位的稱謂，一般授予勞苦功高的大臣或貴族。相當於丞相的位置。

182　長平：今山西高平西北。

廉頗來到前線，認為當前形勢是敵強我弱，決定採用穩打穩紮、消耗敵軍疲憊的戰術。他命令將士修建堡壘，堅守陣地，沒有命令，不許和秦軍交戰。秦軍多次派人到陣前叫罵，廉頗置之不理，堅決不出陣應戰。秦軍千里奔襲，急於決戰，無法持久，廉頗避其鋒芒，策略得當，戰術正確，秦軍很被動。

秦王得知前方戰事不利，大為著急，忙與相國范睢商議對策。范睢思慮一番，說道：「大王，趙國上下只有廉頗最會用兵，若不拔掉他，秦軍很難取勝。」秦王問道：「愛卿有何妙計，能除廉頗？」范睢摒退左右，說道：「想要除掉廉頗，必須用反間計，但此事必須花費千金，方可成功。」於是，他如此這般，將計畫告知秦王，秦王大喜，將千金付於范睢。范睢遣心腹之人，潛入趙國，向趙王左右侍臣行賄，讓他們散布謠言說：「趙國將領中，要數趙括最會用兵，若能讓他擔任將軍，秦軍必會不戰自敗。廉頗老而膽怯，只知堅守營壘，現在又被秦軍圍困，大概很快就會投降了。」

趙王對廉頗固守不出的戰略，十分不贊同，再加上之前在廉頗的率領下，趙軍還打了敗仗，傷亡了不少將士。如今，流言四起，趙王覺得無風不起浪，決定任命趙括為將，取代廉頗。藺相如聞訊大驚，拖著病體入宮勸阻趙王，但趙王沒有聽從，仍然一意孤行，任命趙括為將。

第七章　落實際遇篇

趙括是趙奢之子，自幼學習兵法，古今兵書，一覽而盡，爛熟於胸，以為天下無人能敵過自己，大有唯我獨尊之勢。趙括曾與父親趙奢談論用兵之道，滔滔不絕，指天畫地，十分狂妄，趙奢雖然難不倒他，卻不誇獎他。趙括的母親感到很奇怪，就問其原因。趙奢長嘆一聲說道：「帶兵打仗是一件關乎到將士和百姓生死的大事，但他卻將此事說得那麼容易。趙括不可為將，趙國不用他為將，是社稷之福。」

當趙括的母親得知趙王要任命趙括為將後，深感不安，親自上奏說：「大王，萬萬不能讓趙括做將軍。」趙王閱覽了趙括之母的奏章後，十分詫異，心想：別人都希望自己的兒子能夠建功立業，揚名立萬，她為何要阻止兒子當將軍呢？於是就問原因。

趙括的母親回答說：「當初趙括的父親擔任將軍的時候，親自端著飯食，侍候受傷的將士吃喝，還把將士們當成朋友。大王所賞賜的財物，他全部分給部下。現在趙括剛當了將軍，他的部下，沒人敢抬頭看他。大王所賞賜的財物，他全部帶回家中藏匿起來，還四處尋找良田美宅，凡是價格便宜的，全部買下來。大王您看，他哪裡像他的父親？這樣的人怎麼能做將軍呢？希望大王能慎重裁決。」即便如此，趙王仍然不聽從，說：「您就不用擔心此事了，我已經決定了。」趙括母親萬般無奈，搖了搖頭，對趙王說：「如果您執

意要任命趙括為將，倘若他打了敗仗，請不要株連我們一家老小。」趙王答應了她的請求。

　　趙括到了長平，替代廉頗後，手握大權，將原來的規章制度，盡行更改，又將原來的將領撤掉，讓自己的親信接任。趙括一系列的舉動，引起了全體將士的不滿。此時，秦國大將得知趙括擅自更改廉頗之令，覺得機會來了，先遣三千士兵出營挑戰。趙括聞訊，親率一萬餘人迎戰，兩軍剛一交戰，秦軍大敗而逃。此後幾日內，秦軍不斷與趙軍交戰，每次都佯裝敗逃，趙括接連取勝，認為秦軍不堪一擊，從此更加狂妄。

　　這天，秦軍又前來挑戰，趙括出陣迎戰，戰不多時，秦軍又開始潰敗而逃，趙括率軍緊追不捨。白起另外派出一支軍隊，切斷了趙軍的糧道，將趙軍分割為兩半，圍困起來。趙軍被圍困了四十多天，糧食吃盡，致使將士自相殘食，趙括見實在撐不下去了，親率主力衝殺秦軍，企圖突圍。戰鬥中，趙括被亂箭射死。主將一死，趙軍再無鬥志，四十多萬軍隊棄械投降。白起擔心趙軍降卒不肯真心歸附，萬一激起事變，將前功盡棄。為了永除後患，白起坑殺了趙國四十多萬士兵。

　　第二年，秦軍包圍了趙都邯鄲，情況十分緊急，幸虧後來魏國派出軍隊前來援助，解邯鄲之圍，趙國才倖免亡國。

第七章　落實際遇篇

長平一戰，趙國主力盡喪，從此一蹶不振。趙王非常惱怒，欲誅趙括三族，但與趙母有言在先，也只能作罷。

【智慧悟語】

> 趙括雖然熟讀兵書，連精通兵法的父親也無法難倒他，可見趙括確實懂得不少兵法，但他卻不會活學活用，無法將所學應用在實際征戰中，結果被秦軍所敗，斷送了趙國四十多萬將士的性命，成為千古笑柄。古語云：「盡信書，不如無書。」把自己的所學，做到融會貫通，去蕪存菁，留下自己需要的東西，這才能把書讀活。如果過分迷信書本知識，人云亦云，還不如直接依靠經驗行事來的合理正確。

═ 范蠡救子無功而返 ═

越王勾踐在范蠡的輔佐下滅了吳國，成就了霸業。越王成功後，范蠡看出越王為人長頸鳥喙，忍辱妒功，可與共患難，不可與共安樂，於是選擇功成身退，帶著家人，離開了越國，再也沒回來。勾踐為表彰他的功績，將會稽山分封給他。

范蠡到了齊國，隱姓埋名，自稱「鴟夷子皮[183]」，他和兒子共同經商，沒過多久便成巨富。齊國國君聽說他賢能有

183　鴟（彳）夷子皮：是指古代牛皮做的酒器，「酒囊皮子」的意思。

才，欲請他擔任齊國相國。范蠡卻早已看透了世界的名利富貴，他嘆息道：「在家就能累積千金財產，做官做到相國那樣的高位，這是普通百姓所能達到的極限了，但長期享受榮華富貴，非但不吉利，反而會招致災禍。」他把家財分給一些朋友和鄰居，帶著全家來到陶地 [184] 居住。

陶地道路通暢，可謂是做生意的極佳地點，再加上范蠡的才能，沒過多久就累積了豐厚的資產。因為寓居陶地，范蠡自稱為陶朱公。當時，天下人都知道有一位善於經商、極其富有的陶朱公。

范蠡來到陶地不久後，妻子又為他生了一個小兒子。小兒子長大成人的時候，范蠡的二兒子在楚國殺了人，被拘捕入獄。范蠡聞訊後，思慮一番，說道：「殺人償命，從古至今都是這個道理，但我家產頗豐，怎麼能讓兒子命喪黃泉呢？」他準備讓小兒子去楚國打點關係，營救二兒子，並給他帶了一千鎰黃金作為賄金。

大兒子知道此事後，頗為不滿，認為他是家中長子，不論出什麼事情，都應該由他出面處理，所以他主動要求去楚國營救弟弟。范蠡想了想，也覺得小兒子年齡太小，不見得能擔此大事，便同意他去，並寫了一封信讓大兒子帶給自己在楚國的好友莊生，並囑咐道：「你到楚國後，把一千鎰黃金全都送給他，一切都聽從他的安排，萬萬不能與他發生衝

---

104 陶地：今山東定陶西北。

第七章　落寞際遇篇

突，否則，會葬送你二弟性命的。」得到大兒子肯定的回覆後，范蠡才讓大兒子上路。大兒子到了楚國，按照父親的囑咐，把信和黃金交給了莊生。

　　莊生生性耿直，廉潔奉公，不貪圖小便宜，因而在楚國很有威望。他收下金子後，對范蠡的大兒子說：「此地不宜久留，你趕緊離開，容我設法營救你二弟。等你二弟釋放以後，你也不要打聽釋放他的原因。」等他走後，莊生對妻子說：「我與范蠡是多年的好友，我們之間的關係不是金錢所能衡量的。我一定盡力替他辦事，這些金子你保管好，以後要還給他。」

　　范蠡的大兒子從莊生家告辭後，因擔心弟弟的安全，並沒有聽從莊生之言，返回齊國，而是私自留在楚國，並用黃金賄賂朝中的達官貴人，窺探消息。

　　莊生為了解救范蠡的二兒子，入宮拜見楚王說：「臣夜觀天象，發現有災禍將要降臨楚國。」楚王一直很倚重莊生，對他的話深信不疑，慌忙問道：「那寡人怎麼做才能避免災禍呢？」莊生說：「只有實行仁政才能免除災禍。」楚王採納了他的意見，下令大赦天下。那些收了范蠡大兒子金子的達官貴人，收到這個消息後，馬上告訴了他。范蠡的大兒子驚喜之餘，心想：既然楚王要大赦天下，那就不用花那一千鎰黃金了。於是他來到了莊生家裡，對莊生說：「現在楚王大赦天

下，我弟弟很快就能重獲自由，所以，我特意來向您告辭。」莊生當即就明白他是想討要那一千鎰黃金，便如數將黃金退還給他。

黃金失而復得，范蠡的大兒子自然高興萬分，但此舉卻惹怒了莊生，他深感受到小輩的欺騙和玩弄，遂再次進宮求見楚王，並對楚王說：「現在，外面很多人都在議論陶地富翁朱公的兒子殺人後被關在楚國，他家派人用金錢賄賂君王左右的人，因此並不是君王體恤楚國人而實行大赦，而是因為陶朱公的兒子才大赦的。」

楚王聽後大怒，於是下命令先斬掉范蠡的二兒子，然後再大赦天下。最後，范蠡的大兒子只能帶著弟弟的屍體回到陶地。

回到家中，范蠡看著二兒子的屍體，喟然長嘆道：「我本意是讓小兒子去，因為他從小在富裕的環境中長大，金錢對於他而言，沒有什麼寶貴。而大兒子從小跟著我做生意，嘗盡人間冷暖，因此十分看重金錢，他肯定捨不得將一千鎰黃金拱手送人。我日夜盼著的，也就是能夠見到二兒子的屍體了！」

【智慧悟語】

范蠡的長子惜財如命，失信於他人，最後親手葬送了自己親弟弟的性命，可謂是得不償失。生活中，因財

第七章　落寞際遇篇

毀人、因財毀義的事也屢見不鮮。對於會用錢的人來說，金錢就是功德；而對於不會用錢的人來說，金錢則是一種罪惡。只有正確對待和使用財富，財富才能發揮其積極的作用，才會給自己和他人來幸福。

═ 楚霸王自刎烏江畔 ═

秦朝滅亡後，西楚霸王項羽與漢王劉邦，進行了長達五年的楚漢爭戰。西元前二〇二年，項羽敗退到垓下[185]，漢軍大將韓信將大軍分成十隊，每隊各派將領率領，布置成十面埋伏，將項羽緊緊圍住。

此時，楚軍軍糧將盡，將士不多。項羽聽聞漢軍逼營，勃然大怒，當即披掛上馬，親率將士，出陣迎敵。兩軍相接，項羽長戟縱橫，觸者便死，楚兵見項羽如此勇猛，個個以一當十，奮勇向前。奈何，鏖戰多時，項羽殺開一批，另一批漢軍便吶喊殺來，殺到七八批的時候，楚兵傷亡過半，項羽也自覺力疲，欲退回垓下大營。哪知，一聲炮響，漢兵十面伏兵，一齊殺出，將項羽團團圍住。楚兵驚駭之極，四下竄逃。項羽大驚，急欲脫身，怒喝一聲，聲如驚雷，漢軍嚇得紛紛左右避退，讓出一條血路，項羽這才得以脫身，飛

185　垓下：古地名，位於今安徽省靈璧縣東南。

馬奔回垓下大營。

項羽自從起兵以來，所向披靡，從無敗績，或許是氣數該盡，偏偏與善於用兵的韓信相遇，設下十面埋伏之計，將楚軍的主力殺掉一半，只剩幾萬殘兵，跟回營中，這是項羽平生第一次遇到這樣的挫辱，如何能不惱怒！

項羽的愛妾虞姬，秀外慧中，知書達理，有傾城之貌，絕世之容，項羽每次出征，她必乘車相隨，形影不離。虞姬見項羽入帳，一臉頹廢，神色倉皇，已知戰事不利，不等項羽開口，便上前扶項羽坐定，才小心問及戰事。項羽惆悵地嘆道：「唉！敗了！」虞姬輕聲細語勸慰道：「勝負乃兵家常事，望大王不必過於憂愁。」說罷，命人置辦酒席，為項羽洗塵解乏。此時項羽哪裡還有心情喝酒，但又念及虞姬情誼，這才上坐小飲，虞姬居於身畔相陪。才飲數杯，忽然有軍士掀帳而入，跪地稟道：「大王，漢軍開始圍營。」項羽囑咐道：「傳我將令，全軍固守營壘，不可出戰，待我明日殺退他們！」

時近黃昏，項羽愈飲愈愁，愈愁愈倦，頓時困意席捲，雙眼迷蒙，懨懨欲睡。虞姬看出項羽疲乏，忙服侍他臥榻安睡。到了半夜時分，只聽得西風陣陣，颯颯直響，風中似乎還夾著唱歌的聲音，如怨如慕，如泣如訴，淒涼無比。原來，劉邦手下謀臣張良，為了瓦解楚軍人心，特意編了一首

第七章　落寞際遇篇

楚曲，命漢軍在楚營四周高聲唱和，字字悲涼，句句淒慘，楚兵聽了，潸然淚下，更加懷念故鄉，陸續逃跑。追隨項羽多年的季布等人，也暗中離開楚營，遠走他鄉。就連項羽的叔父項伯，也背後投靠張良，求得庇護。項羽只有親信八百餘人，尚未叛離，堅守營門。正欲入帳稟報項羽，正巧項羽酒意已消，猛然醒悟，忽然聽到四面楚歌，大驚道：「難道漢軍已侵占楚地了嗎？為什麼有這麼多唱楚歌的人？」說著，便有軍士進來稟報說，全軍將士已潰逃一半，只剩八百餘人。

項羽長嘆一聲，又命人燙酒，喚來虞姬，與她共飲。虞姬此時悲戚欲絕，深情地望著項羽，低聲泣淚。項羽幾杯酒下肚，回想起過去的赫赫聲威，不禁慷慨悲歌道：「力拔山兮氣蓋世，時不利兮騅不逝。騅不逝兮可奈何，虞兮虞兮奈若何！」

項羽平生有兩大至愛，一是虞美人，二是烏騅馬。項羽曾騎著烏騅馬，南征北戰，從無敗績，此番被漢軍包圍在垓下，生死已在眼前，心中最難割捨的便是美人駿馬，便慨然悲歌，嗚咽感嘆。虞姬聽罷，已知歌意，早已淚如雨下，待情緒稍平，從項羽腰間抽出配劍，起身為他跳舞，口中唱道：「漢兵已略地，四面楚歌聲。大王意氣盡，賤妾何聊生！」虞姬唱罷，項羽早已涕泣不能言，左右將士無不潸然

淚下。此時，忽然聽聞營中傳來五聲鼓聲，虞姬對項羽說道：「臣妾承蒙大王厚愛，無以為報，只願生是大王的人，死也是大王的鬼，願大王保重！」說罷，將手中的劍，朝脖項間一橫，頓時血湧如泉，香消玉殞。項羽搶步上前，但終究遲了一步，抱著屍體大哭一場，好半天，才收了眼淚，小心將屍體埋葬。

此時天色未明，項羽帶著八百名騎兵，銜枚而行，朝南飛奔而去。天亮之後，漢軍才發現項羽逃走，忙稟告劉邦。劉邦急令將軍灌嬰，率領五千騎兵，緊緊追趕項羽。項羽為防止漢軍追來，一路策馬狂奔，等渡過淮河[186]的時候，能跟上來的騎兵只剩下百餘人了。

行至陰陵[187]，項羽遇到一個三岔口，不知道那條路通往彭城[188]，恰好有一位在田間耕作的老農，便向他詢問路徑。老農認得他就是霸王，恨他平日暴虐，竟然哄騙他說：「往左邊走。」項羽信以為真，帶著手下餘眾，一路向東奔去，越跑感覺越不對，再往前就是一片沼澤地，連路也沒了。項羽這才知道受了欺騙，慌忙調轉馬頭，回到原地。而此時，漢兵已經追了上來，項羽又向東南方向逃去。一路上，跟隨的

186　淮河：地處中國東部，介於長江和黃河兩流域之間，流域地跨河南、安徽、
　　　江蘇、山東及湖北五省。
187　陰陵：故城在今安徽定遠西北。
188　彭城：今江蘇省徐州市。

第七章　落寞際遇篇

士兵死的死，傷的傷。等到了東城[189]，項羽清點人馬，只剩二十八名騎兵。而此時，漢軍已經密密麻麻地圍了上來。

項羽自知難以脫身，便慨然對手下騎兵說：「我自起兵至今，已有八年了，身經大小七十餘戰，未嘗敗過，因而稱霸天下。今日被困在此，是天要亡我，並非我不會用兵。今天既然難逃一死，我願為你們再決一戰，一定要連勝三陣。」說罷，將僅有的二十八人分成四隊，對他們說：「看我先斬漢軍一員大將，你們分四路突圍，在東山下集合。」說著，他大喝一聲，縱馬挺戟，將一名漢將刺落馬下。接著，項羽左衝右突，連殺百名漢兵，漢軍仗著人多勢眾，將項羽團團圍住，欲生擒他，項羽回頭怒喝一聲，人馬退避數里方才停住，項羽趁機縱馬下山，清點人馬，只損失了兩名騎兵。便笑著對他的騎兵說：「怎麼樣？我說得沒錯吧？」騎兵們由衷讚嘆道：「正如大王所言！」

項羽帶著二十六名騎兵，殺出重圍，一路南奔，來到烏江[190]。剛好烏江亭長泊船岸邊，對項羽說：「江東雖小，但有千里土地，百姓幾十萬，您完全可以稱王，以圖東山再起。」項羽聽罷，慨嘆一聲，說道：「既然天要亡我，我何必再渡？想當年，我帶領八千江東子弟，渡江北上，到今無一生還，只有我一個人回江東。即使江東父老可憐我，讓我為王，我

189　東城：故城在今安徽省定遠縣東南。
190　烏江：今安徽和縣東北。

又有何面目見他們呢？」說著，牽上烏騅馬，將韁繩交給亭長說：「我知道您是一個忠厚的長者，待我甚厚，我無以為報，只有這匹好馬，跟隨我五年，日行千里，我騎著牠作戰所向無敵，我不忍心殺牠，就把牠送給您吧！」說罷，命騎兵全部下馬，各持短刀，與追上來的漢兵肉搏起來。

項羽下砍馬腿，上刺甲兵，連殺數百名漢兵，自己也受了十幾處傷，楚兵一個個倒下。正戰間，忽然瞥見有數名騎將馳來，項羽認出其中一位是呂馬童，便高聲說道：「你不是我的老相識嗎？」呂馬童不敢答話，對旁邊的將軍說：「他就是楚霸王。」項羽又說：「我聽說劉邦出千金懸賞我的人頭，並封為萬戶侯，這個好處就留給你們吧！」說罷，拔劍自刎而死，終年三十一歲。

【智慧悟語】

項羽是一個力拔山、氣蓋世，空前絕後的壯士，又是一個性情暴戾、自大孤傲、剛愎自用，只懂以暴制暴的匹夫。他兵敗垓下，逃至烏江邊，卻覺得無顏面對江東父老，放棄了求生的機會，自刎而死，實在是一個性格悲劇。唐代詩人杜牧在〈烏江亭〉寫道：「勝敗兵家事不期，包羞忍恥是男兒。江東子弟多才俊，捲土重來未可知。」在這首詩中，杜牧說項羽逞一時之勇，無

第七章　落寞際遇篇

法忍辱負重，自刎於烏江，失去了東山再起的機會。項羽雖然死得慷慨悲壯，但一代霸王就此了卻了自己的性命，總不免叫人扼腕嘆惜。

＝ 趨炎附勢鄧通殞命 ＝

漢文帝劉恆是漢代第五位皇帝，他在位期間，宵旰勤勞，勵精圖治，堪稱一代雄主。

一天晚上，漢文帝做了一個夢。夢中他欲升天，但拼盡全力，卻無法離地半尺。正當他急得團團轉的時候，一個黃頭郎[191]雙手托著他升了天。漢文帝大喜，回頭一看，卻看不見黃頭郎的容貌，只見他穿著粗布短衣，當腰用一根衣帶子束住，並且打了一個結。夢醒後，漢文帝便按照夢境，前往漸臺[192]，沒多久便真的找到夢中托他上天的黃頭郎。此人正是鄧通，郡蜀南安[193]人，因通水性，善划船，得到舉薦，當了黃頭郎。

漢文帝認為鄧通是上天賜給他的人，所以十分喜歡和寵信他。鄧通生性拘謹，沉默寡言，不喜歡和外人接觸。雖然漢文帝曾不止一次讓他出宮遊玩，但他都不肯，寧願留下來

191　黃頭郎：漢代掌管船舶行駛的吏員，頭戴黃帽，故稱「黃頭郎」。後泛指船夫。
192　漸臺：臺名。在今陝西省長安縣。
193　南安：位於福建省東南沿海。

侍奉漢文帝。而這時候的鄧通，已經升任為大夫，而且漢文帝賞給他很多錢財。

鄧通對漢文帝確實忠心不二。有一次，漢文帝得了癰病，紅腫潰爛，疼得漢文帝坐臥不安，哀嚎不斷。一群御醫前來會診，但大半天都過去了，也不知道該怎麼辦。漢文帝此時大汗淋漓，臉色發青，最後痛得竟然一頭栽倒在床上。守在床邊的鄧通更是急得抓耳撓腮，暗想：皇上對我有大恩，現在他被疼痛折磨得生不如死，我難道不應該為他減輕痛苦嗎？想到這，竟然不顧一切地撲在漢文帝的身上，也不顧膿瘡腥臭，張開嘴巴，對著漢文帝的屁股，咕嚕咕嚕開始吸那些膿汁。沒想到，鄧通這一招似乎有了成效，昏迷中的漢文帝竟然悠悠醒來了。鄧通見漢文帝醒了過來，高興萬分，又用舌頭在瘡口裡開始舔，漢文帝頓覺全身舒坦，疼痛全無。

漢文帝大為感動，心想：也不枉我對他一番厚愛，關鍵的時候，也只有鄧通對我最忠心。以後幾天裡，鄧通又為漢文帝吸了幾次膿汁，他的病情逐漸穩定了下來，開始好轉。一天，漢文帝問鄧通道：「你說普天之下，誰最愛我？」鄧通毫不遲疑地說：「自然是太子。」這時，正好太子前來問疾，漢文帝便讓太子為他吸膿。父命難違，太子只好俯身去吸，但沒等把嘴湊到膿瘡上，忽然聞到一股刺鼻的腥臭，忙起身

第七章 落寞際遇篇

倒退，噁心得差點吐出來。漢文帝見狀，極其不悅，太子慌忙告退。後來，太子聽說鄧通為汗文帝吸膿，而且樂此不疲，從此對鄧通恨之入骨。

自從鄧通為漢文帝吸完膿後，漢文帝更加寵信他了。一次，漢文帝找了一個善於相命的人，為鄧通算命。那個相面人仔細端詳鄧通一番，對漢文帝說：「皇上，恕小民直言，鄧大夫恐怕會因為貧窮而餓死啊！」漢文帝聽後哈哈大笑道：「你真是信口開河，鄧通愛我超過愛家人，我怎麼會讓他餓死呢？」於是，下令將一座銅山賜給鄧通，允許他私鑄銅錢。因為鄧通鑄錢講究品質，人們都喜歡用他的錢，因此「鄧通錢」流通天下，鄧通也成為天下最富有的人。

然而好景不長，漢文帝去世去後，太子繼位，即漢景帝。當年因鄧通為漢文帝吸膿，讓他難堪，現在他當了皇帝，自然不會放過鄧通，下令免掉了鄧通的官職。過了不久，又指使人告發鄧通私自鑄錢。於是，漢景帝下令抄了鄧通的家，沒收他全部的家財，但仍然不夠罰款的數目，共欠朝廷數億的債務。館陶長公主劉嫖生性善良，十分可憐鄧通，賜給他不少財物，但每次都被官吏沒收抵債。

就這樣，鄧通最後一無所有，家徒四壁，過著寄人籬下的生活，最後竟然活活餓死。

【智慧悟語】

鄧通透過逢迎諂媚，得到了漢文帝的賞識和寵信。隨著地位的不斷提高，他的諂媚到了無以復加的地步，竟然用嘴替漢文帝吮吸膿瘡，成為千古笑談。同時，鄧通也是一個知進忘退的貪婪之人，不知物極必反之理，最後得了個餓死的下場。一個人若是以尊嚴為代價，換取榮華富貴，那就是可恥的。人人都有追求功名利祿的欲望，但應該以合理、合法的手段去博取，而非投機取巧，否則是得不到善終的。

═ 灌夫罵座自食惡果 ═

灌夫，字仲孺，潁陰[194]人，西漢名將。他的父親叫張孟，曾在將軍灌嬰手下做事，受到灌嬰的賞識，當了校尉[195]，遂將自己的姓改為灌，由張孟變成了灌孟。吳、楚叛亂時，灌孟身陷敵陣，苦戰多時，身負重傷。危急關頭，灌夫橫刀躍馬，直衝敵陣，指揮部下先將老父救回，然後自己殺出一條血路，馳回大營。

此時，灌孟早因失血過多而死，灌夫見父親戰死，悲痛

194　潁陰：今河南省許昌市。
195　校尉：是中國歷史上重要的武官官職。官名。校，軍事編制單位。尉，軍官。校尉為部隊長之意。

第七章　落寞際遇篇

欲絕。等到了夜晚，灌夫又帶領幾十名部下，夜襲敵營，為父報仇。吳軍不防有人劫營，還未反應過來，灌夫已經砍翻了好幾個人。瞬間，吳營大亂，吳兵奔走呼叫，前來圍攻灌夫。灌夫並不膽怯，怒喝一聲，接連殺了好幾十人，自己身上也受了好幾處重傷血流不止，再看部下，幾乎全部戰死，無一生還，自知力不能敵，拍馬退走，因而保全了一條性命。灌夫也因此名揚天下，後來被任命為中郎將[196]。過了幾個月，因犯法被免職。漢景帝時，灌夫官至代國相國。漢武帝繼位後，灌夫被委以重任，擔任淮陽太守。

一次，灌夫與長樂衛尉[197]竇甫飲酒，灌夫喝得酩酊大醉，與竇甫發生爭論，揮拳痛打竇甫。竇甫是竇太后的兄弟，素來飛揚跋扈，怎能咽下這口惡氣？當即入宮向竇太后告灌夫的狀。漢武帝得知後，念及灌夫的功勞，為了避免他被竇太后怪罪，將他調任燕國擔任相國。幾年後，灌夫因喝酒犯法，丟了官，又回到了長安。

灌夫閒居在家，除了飲酒，就是特地結交一些傑出人士或巨奸大貪，他個人累積的財產多達幾千萬。他的宗族和賓客依靠灌夫的權勢，在潁川一帶橫行霸道，魚肉鄉民。灌夫

196　中郎將：官名。秦置中郎，至西漢分五官、左、右三中郎署，各置中郎將以統領皇帝的侍衛。

197　長樂衛尉：西漢軍事職官名。西漢都城長安有未內、長樂、建章三大宮。劉邦為帝時居住長樂宮，以後的皇帝移居未央宮，長樂成為太后的寢宮。太后的長樂宮中，仿中央諸卿，設有長樂衛尉、長樂太僕、司馬和戶將等官。長樂衛尉秩二千石，掌領衛士，守衛宮殿、門戶，所屬有長樂司馬、長樂戶將等。

平日無事，便會去魏其侯竇嬰家裡做客。竇嬰的父親與漢文帝的皇后竇氏是堂兄妹，到了漢武帝時期，曾經做過相國的他，開始失勢，逐漸被排除朝堂之外。竇嬰也因父親之故，無法謀求高位，自然也是落落寡歡。而灌夫和他的境遇相同，自然成為至交。其實，兩人都有各自的目的：灌夫想依靠竇嬰結交列侯和皇族以抬高自己的名聲；而竇嬰則是想依靠灌夫去報復那些平日仰慕自己，失勢後又拋棄了自己的人。

一日，灌夫前去拜訪丞相田蚡（ㄈㄣˊ）。兩人拱手相見，分座看茶，聊了數語，田蚡便問道：「你平日如何消遣？」灌夫說：「常去竇嬰家中，與他飲酒談天。」田蚡說：「我也想去看望一下竇嬰，不知你是否願意同往？」田蚡本是皇太后王氏的心腹之臣，而竇嬰是太皇太后竇氏陣營中的人。兩大勢力水火不容，而田蚡本是信口開河，他怎麼會輕易去看望對手呢？誰知灌夫卻當了真，當下表態說：「我願意與丞相一同前往。」田蚡再也沒有轉圜的餘地，只好答應。灌夫馬上辭出，往報竇嬰。

竇嬰為了迎接大權在握的田蚡，與妻子忙了一晚上，準備好家宴。豈料，田蚡早就忘記了此事，第二天中午，約定時間已到，他依然高臥不起。灌夫早就等得不耐煩了，只好親自去求請，田蚡這才起床，待盥洗完畢，才不急不徐地前

第七章　落寞際遇篇

來赴宴。在宴席上，田蚡傲慢無禮，氣勢咄咄逼人，使灌夫心中惱怒不已。於是，灌夫便趁著酒意，故意出語戲弄田蚡，田蚡卻充耳不聞，談笑自若，倒是竇嬰擔心招致災禍，說他已醉，令人扶他到廂房去休息。從此，灌夫與田蚡便生了間隙。

過了幾年，田蚡迎娶燕王的女兒做夫人，太后下了詔令，命列侯皇族，務必前往道賀。灌夫既不是列侯也不是皇族，完全不用去，但在竇嬰極力邀請下，還是與竇嬰一起去了。

宴席開始後，眾賓客頻頻向田蚡敬酒，極盡奉承之能事，田蚡高興得嘴都快合不攏了。灌夫看了，心中很不是滋味，感嘆世態炎涼，不由怒從心起，又開始借酒發揮。他端著酒杯，走到田蚡面前，調笑道：「丞相今日又當一次新郎，應該將杯中的酒全部喝掉。」田蚡此時已有七八分醉意，只覺腹中酒意上湧，一陣難受，自然不肯喝滿杯，勉強喝了一半。灌夫沒辦法，只好另敬他人。敬酒敬到臨汝侯灌賢的時候，灌賢正和程不識低聲密談，又不離開席位。灌夫心懷怒火，便張口罵灌賢道：「你平日說程不識不知高低，一文不值，今天長者給你敬酒，你反倒學女孩一樣，同程不識咬耳說話！」還沒等灌賢回話，田蚡就從旁插口道：「程將軍和李將軍都是東西兩宮的衛尉，現在你當眾侮辱程將軍，難道不

應該為李將軍留點餘地？」田蚡知道灌夫素來尊重李廣，此時故意提出程、李二人，意在使灌夫跟兩人結怨。灌夫乃莽夫一個，當即凜然說：「今天就是要了我的命，我都不在乎，還會顧什麼程將軍、李將軍！」眾賓客見灌夫又在發酒瘋，紛紛藉口要更衣，漸漸離去。

田蚡惱羞成怒，命人扣留了灌夫。隨後，又上書彈劾灌夫，說他宴席上辱罵賓客，侮辱了詔令，犯了「不敬」之罪。隨後，命人將灌夫押到牢中，派人嚴加看管。灌夫想上書控告田蚡，但無人敢代奏，只能束手就擒，最後被處死，誅滅全族。

【智慧悟語】

喜歡喝酒不是什麼壞事，但不能因為喝了酒，就變得失去理智，愛遷怒於別人，以至於互不相讓，誰也不肯少說一句，最後是愈演愈烈，把事情鬧到不可收場的地步，事後悔恨不已。灌夫自恃有功，又酗酒成性，把問題越弄越大，最後葬送了自己的性命。遇到這樣的情況，衝突雙方都應該記住「守柔不爭」的古訓，便能避免很多沒必要的麻煩。

電子書購買

國家圖書館出版品預行編目資料

發掘古人小心機，史記囧事揭密：為皇帝吸膿
瘡卻餓死、出讓愛妾慘被親兒子放逐……光怪
陸離的驚悚戲碼，每一天都在血淋淋上演！/
龔學剛著 . — 第一版 . — 臺北市：崧燁文化事
業有限公司 , 2023.03
面；　公分
POD 版
ISBN 978-626-357-201-0(平裝)
1.CST: 史記 2.CST: 通俗作品
610.11　　112002227

發掘古人小心機，史記囧事揭密：為皇帝吸膿瘡卻餓死、出讓愛妾慘被親兒子放逐……光怪陸離的驚悚戲碼，每一天都在血淋淋上演！

臉書

作　　者：龔學剛
發 行 人：黃振庭
出 版 者：崧燁文化事業有限公司
發 行 者：崧燁文化事業有限公司
E - m a i l：sonbookservice@gmail.com
粉 絲 頁：https://www.facebook.com/sonbookss/
網　　址：https://sonbook.net/
地　　址：台北市中正區重慶南路一段六十一號八樓 815 室
Rm. 815, 8F., No.61, Sec. 1, Chongqing S. Rd., Zhongzheng Dist., Taipei City 100,
Taiwan
電　　話：(02) 2370-3310　　傳　　真：(02) 2388-1990
印　　刷：京峯彩色印刷有限公司（京峰數位）
律師顧問：廣華律師事務所 張珮琦律師

定　　價：375 元
發行日期：2023 年 03 月第一版
◎本書以 POD 印製